KaoZine

Magazin für angewandte Magie

Die Axiome der AutonomatriX

www.AutonomatriX.de

Bildnachweis siehe Abbildungsverzeichnis Seite 121
Cover Gestaltung Arnoc Grayle

Gilde der Chaosmagie AutonomatriX-D
Projekt KaoZine
fra.benu108@autonomatrix.de
frater.bartock_ii@autonomatrix.de
sorogauri333@autonomatrix.de

© 2010

Herstellung und Verlag:
Books on Demand GmbH, Norderstedt
ISBN 978-3-8391-4136-6

HUT!
XIQUAL UDINBAK
XIQUAL UZARFE D`KYENG
XIQUAL KUDEX, EACHT
XIQUAL ASHARA, DIJOW
XIQUAL THALADOMA, NOBO
XIQUAL ONGATHAWAS
XIQUAL CHOYOFAQUE

IO CHAOS. FOE! FOE! FOE!

Liebe Leserin,
lieber Leser,

wir möchten Dir mit diesem Magazin unser Projekt vorstellen. Ein Projekt und Magazin, das wie so vieles nur ein Abschnitt in der Zeit sein wird. Unser Ziel ist es nicht eine Institution ins Leben zu rufen, die ewig lebt. Doch was hat uns dann zu diesem Magazin bewogen?

Unser Magazin lebt von der Motivation der Axiome – den Mitgliedern der AutonomatriX. Was das für dieses Magazin bedeutet, erfährst Du gleich.

Mit knapp über 100 Seiten haben wir mit unserer ersten Ausgabe ein halbes Buch geschaffen. Wer selbst schon einmal ein Werk publiziert hat, vor allem wenn es sich um eins gehandelt hat, bei dem mehrere Autoren daran mitgearbeitet haben, weiß welchen Aufwand das mit sich bringt.

Also warum das ganze? Wir Axiome sehen es als den Geist dieser Zeit freie Wege und Medien für Informationen, Ideen und Inspirationen anderen zu-

gänglich zu machen. Noch vor 100 Jahren hielten Logen, Orden, Zirkel und andere Organisationen ihr Wissen hinter verschlossenen Türen, in verschlüsselten Worten. Wir aber sind der Meinung, diese Zeit ist vorbei und die Informationsverbreitung sollte nach bestem Wissen und Gewissen gefördert werden. Wer nach Wissen strebt, sei er/sie eine Hexe, ein Magier, ein Druide (die Liste kann beliebig fortsetzt werden), dem sollte dieses Streben nicht unnötig verbaut werden. Wissen überwindet Grenzen. Durch Wissen überwindet man selbst Grenzen. Wir möchten mit unserer Arbeit und unserer Geisteshaltung andere inspirieren.

Wir möchten Spuren hinterlassen und Vorbild zugleich sein. Wir möchten zu aktivem Ideenaustausch anregen und motivieren sich neuen Einflüssen und Inspirationen zu öffnen. Wir hoffen, dass Dir, liebe Leserin / lieber Leser, dies beim Lesen unseres Magazins im Gedächtnis bleibt.

Auf eine erfolgreiche Zeit,

Soror Gauri 333

INHALT

Faust erstellt einen Homunuculus

Chaosmagie für Anfänger
oder
Anfangen mit Chaosmagie

Viel wird über den Sinn und den Unsinn von Chaosmagie diskutiert. Ein sehr weit verbreiteter Vorwurf ist, dass die Chaosmagie nur dazu diene unliebsame Vorbereitungen auf einem gediegenen Pfad der Magie auszuhebeln. „Chaosmagier sind Magier die ihre Hausaufgaben nicht gemacht haben."

Lassen wir das einfach mal so stehen. Denn wir können und wollen dem nicht widersprechen. Die Wurzel solche Vorwürfe liegt in der kulturell verzerrten Sicht der Dinge, während der Chaosmagier bemüht ist über diesen zu stehen. Kurz: Es tangiert uns nicht, wenn solcher Art Worte an die Cha-

osmagie und ihre Adepten verschwendet werden. Aus dem einfachen Grund, dass die einen von Erbsen und wir von Bohnen sprechen. Man kann sich lange und ausführlich mit jemandem streiten und die ausgefeiltesten Argumente auf den Tisch bringen und nicht eine Aussage seines Gegenüber widerlegen aus dem einfachen Grund, dass man von verschiedenen Grundannahmen ausgeht, die beiderseits sinnvoll, damit aber noch lange nicht bewiesen sein mögen. Selbst in der Physik kann ich eine Aussage aus der Kernphysik nicht mit Theorien des Elektromagnetismus widerlegen. Selbst in dieser so viel geschätzten Wissenschaft sind wir noch weit entfernt von der Weltformel, der Vereinigung der vier Grundkräfte auf eine. Genauso geht es der jungen Profession, der wissenschaftlichen Magie.

> ...abstrakter Mechanismen die das Erleben und Verhalten von Menschen beschreiben...

Magie, wie wir sie meinen, ist in keinster Weise mit den Alltagsbegriffen im herkömmlichen Gebrauch zu verwechseln. Ma-

gisch bedeutet nicht unlogisch und zauberhaft bedeutet nicht etwa die Naturgesetze umgehend geschenkt zu bekommen. Das sollte man sich immer vor Augen führen und sei eine notwendige Annahme für den folgenden Text.

Wenn man bei der Chaosmagie von einer jungen Wissenschaft spricht, so lohnt der Vergleich mit der ebenfalls sehr jungen Wissenschaft der Psychologie. In der Psychologie geht es um die Betrachtung übergeordneter und abstrakter Mechanismen die das Erleben und Verhalten von Menschen beschreiben, erklären und vorhersehbar machen. Im Gegensatz dazu stehen die Denkinhalte der menschlichen Psyche, die kulturell variieren mögen. Die Psychologie befindet sich als Wissenschaft noch in den Kinderschuhen und kann, anders als die Physik, noch nicht auf ein vereinheitlichtes Gebilde aus vier Grundkräften zurückgeführt werden und umgekehrt von dort aus in ihre vielen Spezialbereiche erweitert werden. In der Psychologie sucht man leider noch vergeblich auf die Brückenschläge zwischen den

Theorien. Wenn auch im Einzelnen anerkannt, so fehlt ihnen noch der Gemeinsame Nenner.

Doch eine Hürde hat die Psychologie bereits genommen, von der die Magie noch entfernt ist: Die Anerkennung als Wissenschaft.

Der Magie fehlt nicht nur die Anerkennung von wissenschaftlicher Seite her, sondern auch die Anerkennung unter unseren Mitmenschen. Dabei ist dies kein Unterfangen, das vollkommen vergeblich bleiben muss. Auf den ersten Blick mag das scheinbare Fehlen harter Fakten als Schwierigkeit erscheinen, doch nicht anders ist es in vielen Teilgebieten der Psychologie. An dieser Stelle kann die Chaosmagie ins Spiel kommen, die sich auf Techniken und nicht die Inhalte konzentriert.

> *Die Angst davor Fehler zu machen ist für viele eine große Hemmschwelle.*

Auf ein so individuelles Gebiet wie die Magie mag eine solche Abstraktion auf den ersten Blick kalt und trocken erscheinen, doch wird zum einen gerade diese Distanz auch in vielen magischen Techniken gefordert und zum anderen sind die nüchterne Betrachtung von Techniken und die Einbindung dieser in unseren Alltag aus chaosmagischer Sicht zwei verschiedene Paar Schuhe. Eine sachliche Betrachtungsweise ist noch keine Aufforderung zu allerlei Schandtaten, es fehlte ihr im Gegenzug aber auch der erhobene moralische Zeigefinger.

> *...die Suche nach dem richtigeren System...*

Warum also und vor allem wie fange ich mit Chaosmagie an? Die Chaosmagie lädt zum Experiment ein und funktioniert im wesentlichen nach dem Prinzip Try and Error. Zwei Probleme denen man sich bei einer solchen Herangehensweise stellen muss, sind zum einen die Angst davor Fehler zu machen und zum anderen die Tatsache, dass vielen Chaosmagiern nichts heilig zu sein scheint.

Die Angst davor Fehler zu machen ist für viele eine große Hemmschwelle. Es gilt Kraft und Aufwand in etwas zu ste-

cken, das sich im Nachhinein als Falsch entpuppen könnte. Darüber hinaus genügt es nicht Kraft und Aufwand zu investieren, sondern nötigt einen noch zur kritischen Auseinandersetzung mit sich selbst und den eigenen Ergebnissen. Unter anderem liegt hierin einer der wichtigsten Lerneffekte der Chaosmagie:

> ...wir sortieren unnötige Dinge in der Magie aus...

Die so wichtige unbefangene Auseinandersetzung mit den Ergebnissen praktischer Magie. Das gebetsartige herunterleiern magischer Rezepturen kaschiert mit einer formellen Gewissheit alles richtig gemacht zu haben die innere Unsicherheit auf einen magischen Erfolg. Die Folge ist das Ausbleiben solcher Erfolge und es beginnt die Suche nach dem *richtigeren* System. Ohne den nötigen Sinn für die Hintergründe und Tiefen der Magie mündet das Ganze in einer oberflächlichen Betrachtung vieler magischer Systeme oder dem entstehen rein spekulativer Pseudowissenschaften. Im besten Fall wird der Magier zum Mystiker und begnügt sich mit Erkenntnissen metaphysischer Natur oder warum das Ausbleiben magischer Erfolge ein wichtiger Schritt zum Erkennen ist.

Zugegebener Maßen mündet der Mangel an Respekt und das Fehlen jeglicher Heiligkeit für den Chaosmagier in vielen Fehlern die begangen werden. Es passiert notwendigerweise, dass man auch wichtige, traditionell überliefert Dinge übergeht. Aber Fehler gehören nun einmal dazu. Dank dieser Fehler entsteht auch ein tiefer fußendes Verständnis für die Dinge, die wir meinten Weglassen zu können. Umgekehrt sortieren wir nützlicher weise unnötige Dinge in der Magie aus.

Zur Verdeutlichung hilft vielleicht die Betrachtung der Entwicklung eines Kindes: Ein Kind lernt in seinen ersten Lebensjahren so viel wie nie zuvor im Leben. Diese Entwicklung nimmt so schnell ab, dass Menschen irgendwann vom Zeitgeist überrollt werden und schließlich gar nicht mehr in der Lage sind sich weiter zu entwickeln. Man kann die Art der Chaosmagie sehr gut mit der

Art zu Lernen vergleichen, wie es einem Kind zu Eigen ist. Einem Kind, das sich auch mal die Finger verbrennen oder das Knie aufschlagen wird. Und genau wie beim Kind ist diese Art zu lernen am produktivsten. Auf der anderen Seite kann es zum Stillstand kommt, sobald man meint schon vieles zu wissen und zu kennen.

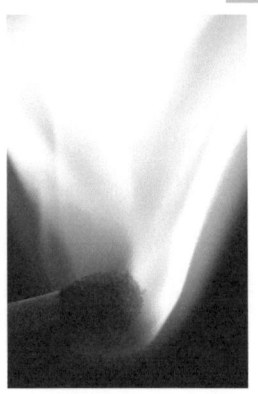

Chaosmagische Bannungen

Chaosmagische Bannungen haben den Vorteil, dass sie beim Anwender kein Glaubenssystem voraussetzen, wie dies zum Beispiel beim bannenden Pentagrammritual der Fall ist. Dort werden Namen oder Engel angerufen, mit denen der Praktiker teilweise gar nichts am Hut hat. Zwar werden Chaosmagier darauf hingewiesen ihre individuelle Bannung, bzw. Schutzkreis zu entwickeln, jedoch gibt es auch eine Reihe von standardisierten Techniken, was z.B. die Durchführung von Gruppenarbeiten um einiges erleichtert. In diesem Fall werden diese meist mit dem Kommando „Einatmen…" eingeleitet. Die bekanntesten hiervon möchte ich Dir hier kurz vorstellen.

Kurz vorweg zum Thema Intonation: In vielen Systemen ist von Intonation die Rede. Intonation kann als ein innerliches Vibrieren verstanden werden. In alten Grimoires ist manchmal die Rede davon, dass man damit die Wände des Tempels zum Wanken bringen soll. Wichtig ist dabei den Ton oder das Wort sowohl zu rufen, als auch verinnerlichen.

IAO-Formel

Stelle Dich mit Blickrichtung zum Altar oder Richtung des „magischen" Ostens auf (ob dies tatsächlich der Himmelsrichtung Osten entspricht ist Nebensache, da die wenigsten Räumlichkeiten sich geografisch ausrichten).

Atme mit einem tiefen Atemzug ein und strecke dabei die Arme nach oben. Intoniere in einer hohen Tonart den Vokallaut „Iiiiii...". Stelle Dir währenddessen vor, wie ein weißer Lichtstrahl gleichzeitig von oben nach unten und von unten nach oben durch dich hindurch geht, ohne Start- und Zielpunkt in die Unendlichkeit. Hierbei werde dir bewusst, dass sich der Makro- und der Mikrokosmos miteinander verbinden.

Atme erneut tief ein und strecke die Arme jeweils zur Seite. Halte die Visualisierung des weißen Strahls dabei aber aufrecht.

Intoniere nun den Vokallaut „Aaaaaa..." in einer mittleren Tonlage und visualisiere, wie ein roter Lichtstrahl gleichzeitig von links nach rechts und von rechts nach links durch Deine Arme und Dich strömt, ohne Start- und Zielpunkt in die Unendlichkeit. Werde Dir hierbei bewusst, dass Du sowohl die konstruktiven, als auch die destruktiven Elemente miteinander verbindest, positiv und negativ, Yin und Yang, Existenz und Nicht-Existenz, etc.

Atme erneut tief ein und führ die Hände an Deinem Körper vor Deinem Bauch zusammen, sodass sie ein „O" bilden, wobei Du die alten Visualisierungen aufrechterhältst. Vibriere nun den Vokallaut „Ooooo..." in einer tiefen Tonlage und visualisiere, wie Dich eine blaue Kugel vollständig umgibt. Werde Dir bewusst darüber, dass Dich diese blaue Kugel vor allem schützt und Du Dich in Deinem eigenen magischen Kosmos befindest.

OMNIL-Formel

Der Name der OMNIL-Formel setzt sich aus den lateinischen Begriffen für „Alles" (omnis) und „Nichts" (nihil) zusammen.

Visualisiere oder ziehe einen waagerechten Kreis (auf der Höhe Deiner Körpermitte) um Dich herum aus einem weißen Strahl. Spreche dabei „Null der Zeit".

Auf gleiche Weise ziehe einen weißen Kreis um Dich, wobei Du über Deinem Kopf beginnst, rechts seitlich nach unten, unter Deinen Füßen durch und an der linken Seite wieder empor und spreche „Null des Raumes".

Beginne wieder über Dir und ziehe einen weißen Kreis von oben hinter Deinen Rücken entlang nach unten und von den Füßen aus nach vorne gehend wieder nach oben. Spreche dabei „Null der Ereignisse."

Nun konzentriere Dich noch einmal auf die drei Kreise, überkreuze die Arme vor der Brust und spreche/intoniere „Omnis Ex Nihil" (Alles aus Nichts).

Gnostische Pentagrammritual

Im Gegensatz zum bannenden Pentagrammritual, welches mit vielen hebräischen Gottesnamen und Engeln arbeitet, beschränkt sich das gnostische Pentagrammritual ausschließlich auf Vokallaute und bedient sich in der Durchführung der Anordnung der Chakren.

Vorweg weise ich daraufhin, dass die Vokallaute absteigend (von „I" nach „U") erst hoch und dann immer tiefer in der Tonlage intoniert werden, anschließend natürlich genau umgekehrt. Verwende hierbei jeweils einen Atemzug. Beim anschließenden Ziehen der Pentagramme jedoch in einer meist mittleren Tonlage, alle während eines Atemzuges.

Schritt 1: Nimm einen tiefen Atemzug und visualisiere wie von oben ein weißer Lichtstrahl in Deinen Kopf strahlt und sich in diesem Bereich sammelt. Intoniere mit den Vokallaut „Iiiiii…"

Visualisiere wie der Lichtstrahl weiter nach unten bis in Deinen Halsbereich fließt und intoniere „Eeeeee..."

Visualisiere wie der Lichtstrahl bis in Deinen Herzbereich fließt und intoniere „Aaaaaa..."

Visualisiere wie der Lichtstrahl bis in Deinen Solarplexusbereich fließt und intoniere „Oooooo..."

Visualisiere wie der Lichtstrahl bis in Deinen Rumpfbereich (Manipura Chakra) fließt und intoniere „Uuuuuu..." und lasse den Lichtstrahl nach unten durch Dich hindurch brechen.

Halte die Visualisierung aufrecht und visualisiere den weißen Lichtstrahl nun wie er von unten wieder in Dich hinein zum Rumpfbereich fließt und wiederhole die vorangegangenen Schritte rückwärts, bis Du wieder „Iiiiii..." intoniert hast. An den fünf Punkten, wo sich der Lichtstrahl gesammelt hat,

strahlt es nach diesem zweiten Durchlauf noch stärker.

Schritt 2: Zeichne nun vor Dir ein aufrechtes Pentagramm aus weißem Licht, beginnen an der Spitze nach links unten. Während Du eine Linie ziehst, intoniere die Vokallaute in einem Atemzug, beginnend mit „I", bis Du wieder an der Spitze angelangt bist.

Steche nun mit der Hand (oder Stab, Schwert, etc.) in das Pentagramm und lasse es „aufflammen". Ziehe ohne abzusetzen von der Mitte des Pentagramms aus einen Viertelkreis nach links und wiederhole den vorherigen Teil so lange, bis Du von vier Pentagrammen umgeben bist, die alle mit einer Linie verbunden sind.

Wiederhole abschließend Schritt 1.

Gnostische Donnerkeil / Blitz (Gnostic Thunderbolt)

Die vorgegebenen Tonhöhen für das gnostische Pentagrammritual müssen hierbei nicht beachtet werden. Mit „Ziehen" ist natürlich die Visualisierung gemeint.

Schritt 1: Ziehe eine gelbe Linie von Deinem dritten Auge zu Deiner linken Schulter und intoniere „Iiiiii..."

Ziehe eine hellblaue Linie von Deiner linken zu Deiner rechten Schulter und intoniere „Eeeee..."

Ziehe von dort eine rote Linie zu Deiner linken Brust und intoniere „Aaaaa..."

Ziehe von dort eine schwarze Linie zu Deiner Leber und intoniere „Ooooo..."

Ziehe von dort aus eine dunkelgrüne Linie zu Deinen Genitalien und intoniere „Uuuuu..."

Hierbei wird NICHT wie im gnostischen Pentagrammritual jeder Vokallaut mit einem Atemzug intoniert, sondern für alle fünf wird ein einziger langer Atemzug verwendet.

Führe nun wie beim gnostischen Pentagrammritual die Schritte einmal rückwärts aus.

Schritt 2: Zeichne diesen Blitz nun vor Dir in die Luft, während Du die Vokallaute dementsprechend in einem Atemzug intonierst und wende Dich anschließend jeweils um 90° nach links, bis Du wieder in der Ausgangsposition stehst.

Abschließend wiederhole Schritt 1.

„I Am!

Stehe mit geschlossenen Augen und visualisiere ein Licht oder eine Flamme in Deinem Inneren, welche beginnt Dich auszufüllen. Flüstere „I am!" (eng. „Ich bin!").

Visualisiere wie das Licht oder die Flamme nach außen dringt und Dich um Dich herum oder vielleicht gar den ganzen Raum ausfüllt und spreche schon energischer „I am!"

DES TEUFELS GRÜNE HÖRNER

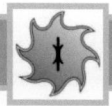

Visualisiere wie das Licht oder die Flamme sich über den Raum hinaus ausbreitet (bei guten Visualisierungskenntnissen bis ins ganze Universum) und rufe laut „I am!“

Die Idee dieser Bannung entstammt dem sehr empfehlenswerten Buch „Hands On Chaos Magick“ von Andrieh Vitimus und kann natürlich auch mit dem deutschen „Ich bin!“ angewendet werden.

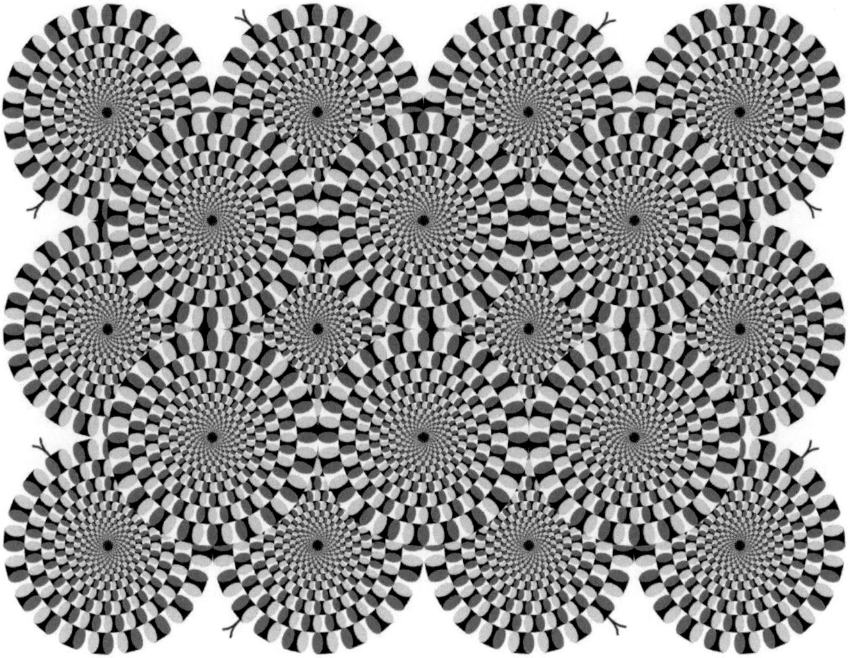

Meditative Präinvokation

Unter einer Invokation versteht man eine Art Besessenheit, die vom Anwender meist bewusst herbeigeführt wird. Hierzu bedient man sich diverser Hilfsmittel wie invokatorische Mantren, Anrufungen und Hymnen, Visualisierungen, bestimmten Symbolen und Energien.

Eine Invokation von Wesenheiten kann ganz unterschiedlich aussehen. Eine eher stille Invokation einer Wesenheit wie Parvati, die anschließend segnend an den anderen Teilnehmern vorüber geht, ein feiernder Baphomet, eine kreischende Kali, ... je nach Wesenheit kann es ganz interessante oder unerwartete Verhaltensweisen des Invozianten mit sich bringen. Von den Loas[1] sagt man, dass sie ihre Anhänger "*reiten*",

> *...wie sich jemand ein rostiges Schwert tief in den Kopf stieß, ohne größere Verletzung...*

da diese sich bei Beginn der Invokation oft völlig unnatürlich bewegen oder sich auf dem Boden winden. Es gibt Geschichten davon, wie Personen während einer Invokation die unglaublichsten Dinge tun. Der Besitzer des Soul of Africa Museums[2] in Essen erzählte mir anhand einer Fotoserie, wie jemand sich ein rostiges Schwert tief in den Kopf stieß, ohne auch nur größere Verletzungen davon zu tragen.

> *Invokationen gehören in der Magie einfach dazu.*

Mir selbst ist es wohl schon einmal während einer Invokation passiert, dass ich mit nackten Füßen über zerbrochenes Glas gelaufen bin und in brennendem, mit Spiritus getränktem Sand gewühlt habe, ohne dass ich auch nur einen Kratzer davon trug. Allerdings kann ich mich an den Zeitraum der Invokation kaum noch erinnern, sodass ich auf Teilnehmeraussagen angewiesen bin. An Samhain 2009 sorgte eine Kali-Invokation von mir im Nachhinein für einiges Gelächter, da einer der Teilnehmer mir steif und fest versicherte, bei einer Umarmung Brüste gefühlt zu haben. Genauso, dass die eigentlich zu ladenden Sigillen

kurzerhand von Kali verspeist wurden.

Sind es tatsächlich fremde Wesenheiten?

Bei einer Gruppe von tibetischen Mönchen ab einem bestimmten Grad gehört es zu der Aufgabe, sich bei unglaublicher Kälte nackt in den Schnee zu setzen und nasse Handtücher auf den Oberschenkeln zu trocknen. Dies geschieht durch einer Art kontinuierlicher Invokation von einer bestimmten Feuergottheit. Auch bspw. im Wiccatum gibt es klassisch die Hohepriesterin und den Hohepriester, die Göttin und Gott während der Rituale invozieren.

Invokationen gehören, wie ich finde, zur Magie einfach dazu. Im Augenblick der Invokation ist man nicht mehr man selbst, sondern eine Wesenheit mit völlig anderen Kräften und Eigenschaften.

Doch was ruft man während einer Invokation eigentlich in sich hinein? Sind es tatsächlich fremde Wesenheiten? Sind es bestimmte Energien? Ist es vielleicht nur ein archetypischer Teil unseres eigenen Unbewusstem, dessen wir uns während der Invokation bewusst werden? Es gibt viele Möglichkeiten und Ansätze für Erklärungen einer Invokation. Diese unterscheiden sich je nach Paradigma, in dem Du Dich befindest. Genau aus diesem Grund können Invokationen aber auch von allen Personen unterschiedlicher Paradigmen durchgeführt werden. Frage Dich einmal, wie Dein persönlicher (magischer) Kosmos aussieht und erkläre für Dich, wie eine Invokation funktioniert. Dies wird vielleicht nur eine vorläufige Erklärung sein, die sich im Laufe deiner Entwicklung ändern oder verfeinern mag, aber das einzig wichtige in diesem Zusammenhang ist vorerst, dass Invokationen funktionieren, egal in welchem magischen Modell Du Dich befindest. Zur Vereinfachung verbleibe ich bei meiner weiteren Ausführung im s.g. „Geisterparadigma", welches eine Existenz eigenständiger Wesenheiten voraussetzt.

Das Thema der Invokation ist natürlich auch gerade für Anfänger ein sehr interessantes Thema, wenn man ihr jedoch auch mit Respekt gegenüber

treten sollte. Man sollte sich darüber im Klaren sein, dass man seinen Körper und manchmal auch sein Bewusstsein einer fremden Entität zur Verfügung stellt. Und eventuell gefällt es dieser Entität so gut, dass sie gar nicht mehr so einfach verschwinden will. Daher rate ich allen dazu Erfahrungen mit Invokationen zu machen, jedoch warne ich auch gleichzeitig vor den eventuellen Folgen. Kommen wir hier nun einmal ein wenig zur eigentlichen Praxis.

Invokationen werden meist dazu verwendet, die Energien einer bestimmten Wesenheit zu manifestieren, diese für bestimmte Dinge zu nutzen (wie zur Weihe von Talismanen, Fetischen, etc.) oder mit ihr zu kommunizieren. Dies bietet natürlich unheimliche Vorteile für den Anwender, da dort sehr schnell Energien aufgebaut werden können, wofür man sonst über Jahre der praktischen Energiearbeit aufwenden muss.[3]

Wer einmal ein wenig Gespür für eine Invokation entwickeln möchte, ohne gleich ins kalte Wasser springen zu müssen, kann einmal folgende Meditation probieren, um mit fremden Energien in Kontakt zu kommen.

Zur Vorbereitung: Nehme Dir ein wenig Zeit und wähle eine Stunde, in der Du möglichst nicht gestört wirst (weder von der Familie, durch Straßenlärm, etc.). Nehme Dir eine weiße Kerze und platziere sie vor Dir. Wenn Du magst entzünde eine Räucherung oder benutze eine Duftlampe. Ansonsten benötigst du hierfür nur noch ein Symbol der Wesenheit, mit der Du arbeiten möchtest. Manche Wesenheiten haben bestimmte Symbole, die man mit ihnen assoziiert. Dabei muss es gar kein kompliziertes Symbol sein, wie bspw. das Kali Yantra.

Es reicht auch einfach ein umgekehrtes Dreieck mit einem Punkt in der Mitte. Wenn man nicht weiß, ob es ein bestimmtes Symbol für eine Wesenheit gibt, lasse Deiner Intuition freien Lauf und wähle ein Symbol, das Du mit der Wesenheit verbindest. Auch kannst Du eine Sigille aus dem Namen der Wesenheit erstellen.

Die folgende Arbeit kann auch generell zur Kontaktaufnahme mit bestimmten Energien benutzt werden, nicht nur für Wesenheiten. Bei Runen kannst Du direkt die entsprechende Rune benutzen oder bei Planetenkräften das entsprechende Planetensymbol. Häufig finden sich aber auch eine ganze Reihe von Symbolen und Siegeln in Grimoires *(umgangssprachlich häufiger: Grimoires. Plural von Grimoar bzw. Grimoire)* für Planeten oder Wesenheiten.[4]

Hast Du das entsprechende Symbol gefunden, zeichne es auf einen Zettel und schreibe den Namen der Wesenheit darunter. Nehme eine angenehme Sitzposition ein, entzünde die Kerze und schließe die Augen.

Stelle Dir vor, dass Du Dich an einem Ort befindest, an dem Du Dich sehr wohl fühlst. Wo Du die Sicherheit besitzt, dass Dir nichts passieren kann und Du vollkommen für Dich bist. Stelle Dir bspw. vor, wie Du inmitten einer großen grünen Wiese stehst, über Dir der blaue Himmel, ein paar Wölkchen und die strahlende Sonne, die von oben auf Dich herab scheint. Atme ein paar Mal tief den Duft der Blumen ein. Spüre wie der leichte Wind sich auf Deiner Haut und in Deinen Haaren anfühlt. Blicke vor Dich. Dort kannst Du die Kerze im Gras sehen, die Du vorhin angezündet hattest.

Beginne nun das Mantra "*Fiat Waleda Nirosch*" zu sprechen (ob gedanklich, flüsternd oder laut sei Dir überlassen). Wiederhole es immer weiter und visualisiere, wie die Umgebung um Dich herum sich langsam auszubleichen beginnt. Die Farben verschwinden, alles wird langsam schwarz-weiß. Die gesamte Landschaft wird in verschiedene Grautöne getaucht. Du wiederholst das Mantra weiter und siehst, wie um Dich herum alles immer

dunkler wird, die letzten Grautöne entweichen bis es um Dich herum vollkommen schwarz geworden ist. Du bist allein in der Dunkelheit. Alles ist still, kein Laut dringt in Deine Ohren, kein Geruch in Deine Nase.

Nun visualisiere langsam vor Dir in der Dunkelheit, wie die hellen Konturen Deines Symbols erscheinen und an Intensität gewinnen, bis du es leuchtend vor Dir sehen kannst. Die Farbe in der es erscheint ist erst einmal unwichtig. Vielleicht lässt Du Dich dabei auch einfach überraschen.

Betrachte das Symbol in der Dunkelheit vor Dir und spüre, wie das Leuchten immer weiter zunimmt. Es leuchtet nach kurzer Zeit so stark, dass die Leuchtstrahlen des Symbols Dich schon berühren. Du spürst wie diese Strahlen nicht nur AUF, sondern auch IN Deinen Körper vordringen und Dich innerlich zum Leuchten bringen. Du kannst ruhig Deine Hände nach dem Symbol ausstrecken. Die Leuchtstrahlen fließen nun regelrecht in Deinen Körper und beginnen diesen langsam immer weiter auszufüllen. Dies

geschieht vielleicht sogar so lange, bis Du um Dich herum nur noch die Farbe des Symbols erkennst und selbst aus diesem Leuchten zu bestehen scheinst.

Konzentriere Dich nun auf Dich selbst. Was fühlst Du? Was riechst Du? Was schmeckst Du? Was hörst Du? Gibt es eine Emotion die in Dir aufkommt? Was löst es alles in Dir aus? Was ist anders als vorher? Wie würdest Du diese Energie mit eigenen Worten beschreiben? Führe dies so lange fort wie Du magst.

Wenn Du spürst das es genug ist oder Du die Meditation beenden möchtest, stelle Dir vor wie das Leuchten wieder aus Dir hinaus fließt und vor Dir wieder das Symbol formt. Langsam beginnt dieses Symbol wieder matter zu werden und immer dünner, bis Du es nicht mehr erkennen kannst und Du wieder von der Dunkelheit eingehüllt bist. Vor Dir erscheint langsam eine Flamme. Nach kurzer Zeit kannst Du nun wieder die Kerze erkennen, die Du zu Beginn angezündet hast. Visualisiere nun, wie sich langsam um Dich herum die Kontu-

ren Deiner Landschaft bilden. Schon bald kannst Du Dich wieder auf der Wiese vom Anfang wieder finden. Auch ist nichts mehr dunkel und grau, sondern farbenfroh und entspannend wie zu Beginn deiner Meditation. Atme noch ein paar Mal den Duft der Blumen ein und lasse die Sonne ein wenig auf Deine Haut scheinen.

Beginne langsam Deinen Körper wieder zu spüren. Werde Dir bewusst darüber wo Du Dich gerade befindest und öffne langsam Deine Augen. Zum Schluss lösche die Kerze.

Damit ist die Meditation beendet, auch wenn sie vielleicht ein wenig aufwendiger klingt, als sie in der Praxis tatsächlich ist.

Solltest Du doch während dieser Meditation gestört werden ist dies kein Beinbruch. Allerdings kann es ab und an vorkommen, dass man sich dadurch ein wenig schwindelig fühlt oder irgendwie etwas „anders". In diesem Fall wiederhole die Meditation einfach noch einmal zu einem etwas späteren Zeitpunkt und führe sie bis zum Ende aus.

XAX-D
Frater Benu

---

[1]Geister des Vodun

[2]www.soul-of-africa.com

[3]Anm. der Red.: Natürlich ist nichts umsonst. Gerade bei der Auswahl der Wesenheit die man zu seiner Arbeit hinzuziehen möchte sollte man sich darüber im klaren sein, dass man dem Wesen zum einem, je nach Grad der Kontrolle, die man über die Invokation noch hat, eine Art Vollmacht über Körper und Geist überlässt und zum anderen dem Wesen mindestens zu Dank verpflichtet ist. Wobei es in den meisten Fällen bei der Wertschätzung für das Wesen als Gegenleistung bleibt.

[4]Anm. der Red.: Da an dieser Stelle bereits Götter und andere Wesen zusammen mit Runen und Planetenkräften erwähnt wurden mag dem einen oder anderen vielleicht eine gewisse Einteilung hilfreich

---

sein. Nichts muss, alles kann. Womöglich gibt es keine absolute Wahrheit. Grundsätzlich kann von drei Faktoren gesprochen werden aus denen eine Entität besteht. Das Prinzip. Die Kraft. Die Intelligenz. So werden der oben genannten Kali die Prinzipien des Todes, der Zerstörung und folglich der Erneuerung zugeordnet. Die Kraft ist die mit der wir arbeiten und die sie uns zur Verfügung stellen kann. Und die Intelligenz, dass ist Kali. Wenn man von Göttern spricht, so steht in der Regel die Intelligenz, „die Wesenheit", im Vordergrund, welche selbstverständlich stellvertretend für die ihr zugeordneten Prinzipien steht. Runen hingegen werden häufig als Energieform bearbeitet, die einem Prinzip entspringt. Wesenheiten dieser Prinzipien lassen sich allerdings selbstverständlich auch entdecken. Wenn man die Planetenbezeichnungen nennt, so geht man in der Ritualistik meist vom Prinzip aus, wenngleich auch die Planetennamen selbstverständlich von Göttern stammen. Man merkt, dass die drei Faktoren unwiederbringlich und –trennbar miteinander verwoben sind. Es erfolgt einzig eine Schwerpunktsetzung.

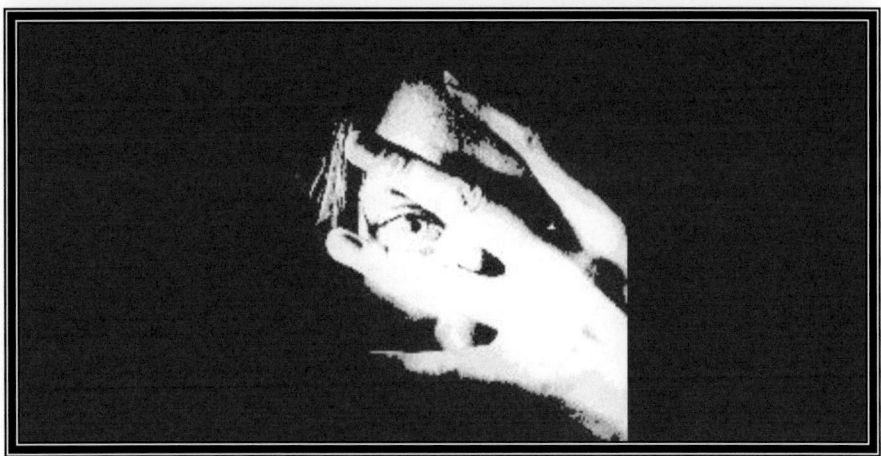

Erste Schritte zur Schattenarbeit

Vielen ist der Begriff „Schatten-arbeit" bekannt, aber die we-nigsten wissen, wie sie sich an dieses Gebiet heranwagen sol-len.

Die meisten die sich das erste Mal daran herantrauen sich selbst kritisch zu betrachten, erkennen auf den ersten Blick nur wenige Probleme. Im Alltag fällt es einem unheimlich schwer seine eigenen schwar-zen Flecken zu erkennen, ande-renfalls wäre man ja auch ohne weiteres bereit sich zu ändern.

Diese kleine Abhandlung basiert auf den Erfahrungen der Axio-me und Kandidaten aus dem Projekt „Psychopath". Es stellt ein paar erste Überlegungen und Übungen auf, um sich an das Thema heranwagen zu können, ohne die typischen Anfängerfehler zu begehen.

Was erwähnt werden sollte. Sich mit seiner eigenen Psyche auseinanderzusetzen bedarf einiger wichtiger Voraussetzun-gen:

* du musst ehrlich zu dir selbst sein

* du musst eine gewisse psy-chische Stabilität besitzen falls du diese nicht besitzt, wendest du dich besser an einen ausgebildeten Psycho-therapeuten

* du musst genügend Kräfte besitzen um diesen Schatten entgegentreten zu können; wenn du diese nicht hast, wende dich zuerst dem Thema Energiearbeit und gesunde Lebensweise zu

* du musst den starken Willen haben dich wirklich analysieren und deine Schatten bearbeiten zu wollen, da du ohne diesen nicht weit kommen wirst

Der erste Schritt. Der erste Schritt ist das Erkennen von solchen Schatten. Es bedarf einem neuen Bewusstsein, in dem man viele seiner Handlungsstrukturen bewusst betrachtet und analysiert.

Stelle dir zwei Wochen lang einmal am Morgen nach dem

> *Eine ungesunde Lebensweise ist die Ursache für fehlende Kräfte...*

Aufstehen, einmal zum Mittag und einmal vor dem Schlafen gehen folgende Fragen: „Was gefällt mir nicht an mir selbst und meinem Leben? Was will ich verändern?". Darüber hinaus betrachte jeden täglichen Konflikt genauer: Wieso kam er zustande? Wie hast du reagiert und warum hast du so reagiert? Welche Muster kannst du erkennen? Schreibe hierzu täglich Tagebuch und konzentriere dich dabei auf neue Erfahrungen und Erkenntnisse.

Eine gesunde Lebensweise.
In der Anfangsphase solltest du auch deine Lebensweise genauer analysieren.

Oftmals ist eine ungesunde Lebensweise die Ursache für fehlende Kräfte. Was vielen Menschen im Laufe ihres Lebens verloren geht (das Strahlen in ihren Augen) hat viel damit zu tun, dass es ihnen an Kraft fehlt. Das Leben saugt sie aus, der Beruf, die Verpflichtungen, die wenige Zeit für sich selber und die eigenen tiefsten Wünsche.

Zumeist speist man sich dann mit oberflächlichen Freuden ab:

> *... so probier es einfach aus...*

Ausgehen, ein Paar neue Schuhe, ein Fußballspiel etc. Die Hast und Hektik von dem Beruf überträgt sich auf die Freizeit,

die eigene Person und die wenigsten kommen wirklich zur „Ruhe" (mit „Ruhe" ist hier nicht gemeint, seinen Geist mit Medien wie Fernsehen auf der Couch abzulenken).

Betrachte zuerst deine Ernährung:

✳ Isst du entspannt oder ist es eher eine zeitraubende Aktivität?

✳ Besteht ein Großteil deiner Nahrung aus Fast Food oder aus frischen, gesunden Zutaten?

✳ Was trinkst du? Softdrinks, Säfte, Alkohol oder Wasser?

✳ Stehst du in Abhängigkeit zu einigen Nahrungsmitteln (Alkohol, Fleisch, Süßigkeiten, Softdrinks etc.)?

✳ Informiere dich hierzu auch über die Inhaltsstoffe in deinen Nahrungsmitteln. Was enthält z.B. ein Glas Cola, was ist in dem Burger drin, den du isst?

Ein Großteil der heutigen Bevölkerung isst falsch und zieht dadurch den eigenen Körper in Mitleidenschaft, aber auch als Magier sollte einem der Zusammenhang zwischen Ernährung und dem Energiekörper bewusst sein. Denn nicht nur der physische Körper nimmt langsam Schaden (es gibt so genannte Zivilisationskrankheiten, die allein auf Grund der falschen Ernährung beruhen), sondern auch der Energiekörper.

Falls du dir in manchen Punkten nicht sicher bist, so probier es einfach aus. Iss z.B. eine Woche lang jeden Tag Schokolade und dann lass es eine Woche bleiben. Wie verändert sich dein Körper, deine Haut, dein Wohlbefinden und wie empfindest du das ganze energetisch?

Achte vor allem auf deine Abhängigkeiten, denn diese Kosten dir am meisten Kraft und schaden deinem Körper maßgeblich!

> *Man kann sich energetisch verschließen...worauf die meisten Energievampire jedoch sehr negativ reagieren.*

Der Idealfall wäre natürlich, dass du die Mängel in deiner Ernährung feststellst und dauerhaft beseitigst.Ich wünsche dir hierbei auch viel Erfolg.

Ernährung ist jedoch nicht alles, denn es gibt noch weitere Bereiche im Leben die Kraft kosten. Überall wo du abhängig bist, kostet es dir Unmengen an Kraft.

* Rauchst du?

* Nimmst du Drogen?

* Warum tust du das? Und betrachte genauestens was es dich kostet.

* Machst du Sport? Hälst du deinen Körper fit?

* Womit beschäftigst du deinen Geist?

* Mit welchen Menschen umgibst du dich? Vielen ist das Wort „Energievampir" ein Begriff, aber die wenigsten schützen sich davor oder schaffen es, sich aus solchen Abhängigkeiten herauszuziehen.

Eine Projektteilnehmerin des Psychopath übt z.B. einen Beruf mit engen Menschenkontakt aus. Jede Beschwerde oder Leidensgeschichte, die sie zu hören bekommt, kostet ihr Kraft. Die betroffenen Personen fühlen sich danach besser, gehen mit einem Lächeln aus dem Gespräch, aber mit jeder energetischen Öffnung die sie in diesen Gesprächen begeht, wird sie ausgesaugt.

Hier kann man unterschiedlich vorgehen. Man kann sich energetisch verschließen und eine Energieübertragung dadurch verhindern, worauf die meisten Energievampire jedoch sehr negativ reagieren.

Eine andere Variante ist vielleicht die etwas spirituellere Sicht. Man kann diese Energie als Opfer für alle Wesen dieses Kosmos ansehen. Muss sich dann jedoch unweigerlich mit Energiearbeit beschäftigen, denn man sollte nichts verschenken, was man selbst nicht im ausreichenden Maße besitzt.

Wenn man sich also nach einem solchen Gespräch ausgelaugt, benutzt und energielos fühlt, dann nur, weil man selbst über zu wenig Energien verfügt.

> *Schattenarbeit ist auf gewisse Art und Weise Energiearbeit.*

Energiearbeit ist ein komplexes Thema. Für manche ist es nur das Ausführen von Techniken die zum Aufpumpen des eige-

nen Energieleibs führen, für andere ist es weitaus filigraner und weitreichender.

Worauf man achten sollte. Hier kommen wir zu einem wichtigen Punkt: der Energieleib ist kein Gefäß wie ein Glas, sondern er besteht genauso wie der Körper aus verschiedensten Regionen und Kanälen. Seinem Energiekörper Gutes zu tun, kann also auch bedeuten, nicht nur Energien hineinzustopfen, sondern sich auch mit der Struktur auseinanderzusetzen. Zumeist stellen sich Abhängigkeiten auf energetischer Ebene als Belegung dar. Da ist potentiell Energie vorhanden, sie wird jedoch durch eine Abhängigkeit gebunden und somit unnutzbar gemacht. Diese Bindungen hebt man durch eine gesunde Lebensweise und durch Schattenarbeit auf. Hier beißt sich also die Schlange in den eigenen Schwanz. Man sollte umfassend an die Problematik herangehen.

Um seine gesunde Lebensweise durchzusetzen braucht man Kraft, um Schattenarbeit zu machen braucht man ebenfalls Kraft, also kann man nur eine Abhängigkeit nach der anderen langsam auflösen. Die gewonnene Kraft kann man dann für größere Probleme nutzen!

Schattenarbeit ist somit auf gewisse Art und Weise Energiearbeit, denn hier sorgt man in erster Linie dafür, dass die körpereigenen Energien frei sind. Es fehlt einem also zu keiner Zeit wirklich an Energie. Die eigenen Energien sind einfach zu sehr gebunden und deshalb kann das reine Reinpumpen von Energien wie das Behandeln von Kopfschmerzen mit Aspirin sein; es trifft nicht das eigentliche Problem!

Dessen sollte man sich jederzeit bewusst sein: Schattenarbeit, Energiearbeit und eine gesunde Lebensweise hängen unweigerlich zusammen und bedingen einander.

Daher sollte die Analyse auch umfassend und genau betrieben werden.

XAX
Sor. Gauri

Wie schreibt man ein Ritual oder einen Zauberspruch selbst?

Nun gut, es gibt viele Zaubersprüche und Rituale, aber ich halte nichts davon, vorgefertigte Rituale und Zaubersprüche 1:1 zu übernehmen:

1. Weil ein Ritual oder ein Zauberspruch immer etwas Persönliches ist.

2. Weil man sich dann damit intensiver beschäftigen muss und sich der Erfolg eher einstellt.

3. Weil man es genau auf die bevorstehende Situation abstimmen kann.

Aber wie schreibt man dann ein Ritual? Zuerst stellt sich die Frage, was möchtest Du mit diesem Ritual erreichen? Gehen wir mal davon aus, dass Du einen Geldzauber vollziehen möchtest.

Also Du bereitest alles vor, aber wo soll das Geld denn herkommen? Die Wahrscheinlichkeit, dass Du im Lotto gewinnst ist eher gering. Also solltest Du damit rechen, dass vielleicht Deine Lieblings Oma oder Tante verstirbt. Also bedenke wohl was Du tust!

In einem Gedicht heißt es: „Die Zauber werden wirksam sein, wenn sie geschrieben sind im Reim!" Reime kann man sich besser merken und im Ritual geht es einfach leichter über die Lippen. Außerdem erhöht ein eigener Reim noch einmal die persönliche Bindung zu dem Ritual.

Nun solltest Du die Art der Energie wählen, die Du zur Unterstützung für Deinen Zauberspruch bzw. Ritual holen willst. Wenn Du eine besondere Gottheit anrufst, dann solltest Du dich vorher mit dieser Gottheit beschäftigt haben, z.B. durch Meditation oder durch genaue Recherchen.

Die Kräfte zur Unterstützung von Ritualen oder Zaubersprüchen sind sehr vielseitig. So können es unter Umständen:

- Gottheiten
- Elemente (oder Elementargeister)
- Engel
- (Totem-) Tiere
- Edelsteine
- Kräuter

- Ahnen
- Runen
- Symbole
- Planeten

usw. sein.

Viele dieser Kräfte lassen sich kombinieren. Wenn Du keine Kraft genauer benennen möchtest, dann wähle Formulierungen wie z.B.

Mächte der Liebe und des Lichtes

Geschöpfe der Finsternis und der Dunkelheit,

Geister der der Macht und des Wohlstandes,….

Überlege, ob der Spruch weiteres Zubehör benötigt. Wenn du z.B. mit der Kraft des Feuers reinigen möchtest, solltest Du wenigstens eine Kerze brennen haben.

Wenn Du mit verschieden Farben arbeiten möchtest, könnte es zum Beispiel hilfreich sein, wenn Du Kerzen in den benötigten Farben zur Hand hast.

Entwickle im Geist passende Vorstellungen zu Deinem Spruch. Diese können durch äußere Handlungen verstärkt werden (z.B. durch ein Mudra).

Wie überall, so spielt auch beim Spruch-Zauber die Vorstellungskraft eine tragende Rolle. Du musst dir das Ziel geistig präzise vorstellen können, um der Energie des Zaubers eine Richtung zu geben.

Beim Schreiben und Formulieren solltest Du auf die genaue Wortwahl achten. Wörter wie „NICHT" kennt die Magie und das Universum nicht. Lege also genau das Ziel und den Zweck des Rituals bzw. Spruches fest.

Ein Beispiel:
Du bist erkältet und Du möchtest am Wochenende auf die Party deines Freundes gehen. Da stört natürlich eine Grippe.

Du bereitest also alles vor, Du hast Kerzen in der dementsprechenden Farbe (zur Unterstützung der Heilung) und Du hast Dir eine Räuchermischung zurecht gelegt. Es fehlt also nur noch der Zauberspruch.

Denk daran, dass Du keine suggestiven Fragen verwendest und das Wort NICHT

vermeidest. Nun könnte der Spruch folgendermaßen lauten:

„Krank war ich nun lang genug, drum soll jetzt enden der Krankheiten Spuk"

Zugegeben, es ist schwer, wenn man gewisse Wörter nicht verwenden darf und dann soll das ganze noch in Reimform sein! Wenn Du überhaupt nicht reimen kannst, dann belasse es bei Deiner ersten „Rohfassung".

Da ich persönlich ein großer Anhänger der Elementarmagie bin, arbeite ich auch viel mit den 4 Elementen. Ein Zauberspruch könnte demnach auch lauten:

„Durch die Kraft von Feuer und Luft,
der Macht des Wasser und der Erde,
gesund ich heute noch werde."

Wenn Du Dich dafür entschlossen hast, dass Du mit den Elementen arbeitest, dann sollten die vier Elemente auch in physischer Form auf Deinem Altar vertreten sein. So sollte z.B. eine Schale mit Wasser, eine Schale mit Salz für die Erde, eine Kerze für das Feuer und zumindest ein Räucherstäbchen Beziehungsweise eine schöne Räuchermischung als Symbol für die Luft da sein.

Die Ausführung:

Ich visualisiere mich selbst im kranken Zustand, z.B. von schwarzen oder grauen Wolken umgeben.
Nun spreche ich den Zauberspruch und dabei visualisiere ich, wie die Elemente mich heilen.

Bei "Luft" z.B. einen sanften, lauen Windhauch, der einen Teil der Wolken forttreibt.

Bei "Feuer" z.B. kleine Flammen, die um mich herum tanzen, an mir hoch züngeln und einen weiteren Teil der Wolken einfach verbrennen oder verdampfen.

Bei "Wasser" z.B. sanfte Wellen, die meinen Körper umfließen und als kleiner Strom einen

weiteren Teil der Wolken mit sich nehmen.

Bei "Erde". z.B. wie ich in die Erde sinke und die Wolken von kleinen Wurzeln festgehalten werden, während ich wieder aus der Erde auftauche.

Zum Abschluss visualisiere ich mich selbst noch einmal gesund, strahlend und kräftig.

Zum Aufbau eines Rituals:

Wichtig für die Planung des Rituals sind auch immer die Zeit, der Stand der Planeten, die Tageszeit und der Wochentag! Ein Ritual sollte nach Möglichkeit immer geplant sein. Es sollte einen Eröffnungsteil, einen Hauptteil sowie einen Schlussteil haben. Solltest Du noch nicht soviel Ritualerfahrung haben, empfiehlt es sich genaue Entwürfe anzufertigen, damit Du später im Ritual nicht durcheinander kommst. Schreibe bei Deinen Entwürfen auch die genauen Gebete oder Anrufungen auf.

Im Eröffnungsteil sollte auch der Willenssatz enthalten sein.

Je genauer Du den formulierst, desto besser ist es für Die Sache selbst.

Im Hauptteil sollte dann das eigentliche Ritual zelebriert werden. Dies kann dann zum Beispiel von einer Meditation begleitet werden. Nun kommt der eigentliche Spruch zum Tragen. Dieser sollte mit fester klarer Stimme vorgetragen werden.

Im Schlussteil kann dann auch eine kleine Opfergabenzeremonie enthalten sein. Viele Wesen und Götter freuen sich, wenn man dies dann feierlich mit ihnen teilt.

Wichtig ist, dass Du zuvor und auch nach dem Ritual eine ordentliche Bannung durchführst. Schließlich möchtest du ja nicht, dass sich Gottheiten, die Du gerufen hast, sich bei Dir zu Hause verirren. Also denke daran, was immer Du tust:

Die Bannung ist das Kondom eines jeden Magiers, es schützt Dich und Deine Gruppe!

Da Du jetzt alles erledigt hast, kommt die Nachbearbeitung:

1) alles sollte wieder aufgeräumt werden

2) Fenster öffnen, wenn Du viel geräuchert hast

3) nun solltest Du alles was Du im Ritual getan hast und erlebt hast in einem Buch schriftlich festhalten. Dieses Buch nennt sich Buch der Schatten (BOS). Es hilft jedem Magier und jeder Hexe seine persönlichen magischen Erfolge oder Misserfolge festzuhalten. Aus den Misserfolgen kann man dann lernen, wie man es beim nächsten Mal besser macht!

4) nun kannst Du Deine Robe ausziehen; wenn Du noch keine magische Kleidung besitzt, dann zieh etwas an, das Du nur dann zu Ritualen trägst (dies könnte dann z.B. ein Abendkleid sein.)

Im Anhang gebe ich noch eine kleine Analogietabelle mit, die Dir helfen wird, welche Kräuter, Räucherungen, und Wesenheiten für was gut sind. Diese Liste ist nur ein Vorschlag. Du brauchst nicht alles aus der dementsprechenden Sparte zu nehmen, es genügt auch nur eines. Ich habe versucht die häufigsten Ursachen für Rituale zusammen zu stellen.

Reinigung
Element: Wasser und Feuer
Symbol: Kelch und Stab
Reinigungsmittel: Salzwasser, weiße Kerzen
Edelstein: Bergkristall
Räucherung: Weihrauch, Salbei, Wacholder, Zeder, Salz
Öl: Salbei, Lavendel, Zitrone
Farbe: weiß
Zeitpunkt: alle Mondstände
Zahl: 1, 6
Kräuter: Salbei, Lavendel
Gewürze: Salz
Blume: weiße Blüten
Götter: w: Aphrodite, Hygieia; m.: Äskulap
Engel: alle vier Erzengel
Sternzeichen: Jungfrau

Intuition

Element: Wasser
Edelstein: Mondstein, Perlen, klarer Bergkristall
Räucherung: Ginseng, Jasmin, Myrte, Mohn, Sandelholz, Benzoe
Öl: Jasmin, Verbena
Farbe: silbrige, irisierende Töne
Zeitpunkt: Montag / Dämmerung, Nacht/ Neumond
Zahl: 9
Metall: Silber
Gewürze: Mohn, Kardamon
Pflanzen: Akelei, Jasmin, Tausendschönchen, Vergissmeinnicht, weiße Heckenrose, Schwertlilie,
Königin der Nacht, Seerose, Weide, Weißdorn, Silberpappel, Rosmarin, Salbei, Vogelmire
Götter: m.: Neptun, Anubis; w.: Luna, Selene, dreifältige Göttin
Engel: Gabriel
Sternzeichen: Krebs, Wassermann
Kaballah: Yesod
Tarot: Hohepriesterin, Mond

Liebe

Element: Wasser, Erde
Planet: Venus
Günstige Zeiten: Freitag oder Montag
Neumond bis Vollmond im Zeichen von
Stier – irdische und sinnliche Liebe
Krebs – Heim und Familie
Waage – idealistisch
Skorpion sexuell
Farben: dunkles Rosa, Grün, Orange, um Liebe anzuziehen
Metall: Kupfer oder Silber
Zahl: 5 oder 7
Räucherwerk/Duft: Benzoe, Jasmin, Rose; für sinnliche Liebe Zibet, Moschus, Patschuli, Polyantharose; erotisierend: Ylang Ylang
Pflanzen: alle Venuskräuter, vor allem Akazienblüten, Aloe, Opobalsamum (Knospen am Körper tragen, um gebrochenes Herz zu heilen), Alpenveilchen (als Topfpflanze im Schlafzimmer halten, damit eine Beziehung glücklich und dauerhaft ist), Wiesenalant, Jasmin, Lavendel, Mädesüß, Mistel, Myrrhe, Myrte, Rose, Gänsefingerkraut, Baldrian, Eisenkraut, Veilchen
Aphrodisiaka (angesehene): Alraune, Koriander, Klee, Damianablätter, Rotal-

gen, Fo-ti-tieng, Ginseng, Kapuzinerkresse, Immergrün, Yohimbin
Göttinnen: Aphrodite, Asherah, Astarte, Beltis, Branwen (kann entweder Vereinigung mit der wahren Liebe bringen oder von Leidenschaft heilen), Diana, Freia, Hathor, Ishtar, Isis, Maia, Mari, Mariamne, Venus
Götter: Cernunnos, Adonis, Pan
Engel: Haniel
Gewürze: Kardamom, Vanille, Zucker, Zimt
Lebensmittel: Spargel, Tomate, Sellerie, Artischocke
Getränke: Milch, Rotwein, Champangner
Edelstein: Jade, Rosenquarz
Tarot: Die Liebenden, Die Lust
Metall: Kupfer und Silber

Geld und Geschäfte

Element: Erde, Luft
Planet: Jupiter, Merkur, Sonne
Günstige Zeiten: Donnerstag oder Sonntag
Zunehmender Mond bis Vollmond für Zunahme
Erdzeichen – für materiellen Gewinn
Luftzeichen – für Ideen, Pläne
Feuerzeichen – für Energie, Wachstum
Jungfrau – für pedantische Arbeiten
Steinbock – für Umsicht, oder für Überwindung von
Hindernissen
Loewe – für Kraft der Sonne
Schütze – für Expansion, Reisen
Widder – für den Beginn neuer Projekte
Farben: Grün, Gold, Silber
Zahl: 1,4,8 oder 7
Räucherwerk. Zeder, Zimt, Lorbeer, Muskatblüte, Muskatnuss, Storax
Aromaöle: Zeder, Salbei, Islaendisches Moos
Pflanzen: Melisse, Borretsch, Lavendel, Johanniskrautwurzel, Mandragora, Eichenblätter, Safran, Salbei, Johanniskraut, Sonnenblumenkerne, Baldrian
Göttinnen: Muttergöttinnen, Demeter, Hera, Juno
Götter: Erdgötter, Hermes, Lug, Jupiter, Merkur, Zeus
Engel: Tsadkiel
Gewürze: Muskatnuss, Kümmel, Nelke
Lebensmittel: Möhren, Bohnen, Kohl, Salat, Honig
Getränk: Rotwein
Metall: Gold, Silber

Edelstein: Granat, Diamant
Tarot: Der Magier, Der Wagen

Schöpferische Arbeit

Element: alle Elemente
Planeten: Erde, Mond (für Inspiration), Merkur (für Kommunikation), Sonne
Günstige Zeiten: Montag, Mittwoch oder Sonntag
Zunehmender Mond – für Beginn
Kurz vor Vollmond – für Inspiration
Abnehmender Mond – für Selbstkritik, Überarbeitung
Luftzeichen – für intellektuelle Arbeit, insbesondere
Arbeit mit Sprache
Erdzeichen – für kunsthandwerkliche und manuelle Arbeit
Feuerzeichen – für schöpferische Arbeit
Wasserzeichen – für Artikulation von Gefühlen
Farben: Gold, Silber, Violett, Gelb, Mischfarben
Zahl: 1,3,4,6 oder 9
Räucherwerk: Lorbeer, Zimt, Ginseng, Muskatblüte, Storax,
Aromaöl: Jasmin, Mandel, Rose
Pflanzen: Lorbeer, Lavendel, Myrte, Helmkraut, Baldrian
Göttinnen: Brigid (Dreifache Göttin von Dichtkunst, Heilkunst und Schmiede-
kunst), Ceridwen (Hüterin des Kessels der Inspiration), Athene oder Minerva (für
Wissen und Weisheit), Mnemosyne (Mutter oder dreifache Muse)
Die dreifache Muse:
Kalliope – das herrliche Antlitz
Erato – die Geliebte
Urania – die Himmlische

Heilung

Element: alle Elemente
Planet: Sonne, Mond, Erde
Günstige Zeiten: Sonntag oder Montag
Zunehmender Mond bis Vollmond - für bessere Gesundheit
Abnehmender oder unsichtbarer Mond - um zu bannen, oder um Krankheiten zu
vertreiben
Farben: Blau, Grün, Gold, Orange
Zahl: 1,3,7 oder 9
Räucherwerk: Lorbeer: Weihrauch, Sandelholz, Eukalyptus

Aromaöle: Lavendel
Pflanzen: alle Heilkrauter
Göttinnen: Mond- *und* Erdgöttinen, Artemis, Hebe, Hygieia
Götter: Asklepios, Apollo, Diancecht
Engel: Raphael
Gewürze: Knoblauch, Safran
Lebensmittel: Fenchel, Kürbis, Gurke, Zucchini, Paprika
Getränke: Rotwein, Kräutertee
Edelstein: Bergkristall, alle Heilsteine
Symbol: Ankh, der Lebensschlüssel

Recht und Gerichtsbarkeit

Element: Erde, Luft
Planet: Jupiter, Sonne, Merkur, Saturn, Mars
Günstige Zeiten:
Mittwoch – für Erfolg, gerechtes Urteil
Sonntag – für Freiheit
Samstag – Verhinderung von Straftaten, Freiheit einer
Person beschränken oder sie der Gerichtsbarkeit zur Ahndung zuführen
Dienstag – für Stärke bei Auseinandersetzungen
Farben: Dunkelblau, Purpur, Rot, Schwarz
Zahl: 4 oder 8
Räucherwerk: Zeder, Zypresse, Weihrauch, Pinie, Sandelholz
Aromaöle: Sandelholz, Lavendel, Zitronengrass
Pflanzen: Kräuter der entsprechenden planetarischen Kräfte, Nesseln (für Bindungen), Knoblauch (als Schutz), Johanniskrautwurzel, und Johanniskraut (für Unbesiegbarkeit)
Göttinnen: Athene (vor allem Barmherzigkeit), Maat, Nemesis (für Gerichtsbarkeit gegen Übeltäter), Themis, Aradia (zum Schutz der Armen)
Götter: Dagda, Jupiter, Zeus, Osiris, Thoth
Engel: Azrael
Gewürze: Muskatnuss, Kümmel, Anis
Lebensmittel: Erdnuss, Endivien, Feige, Spinat
Getränk: Schwarzer Tee
Metall: Kupfer
Edelstein: Saphir
Tarot: Die Gerechtigkeit, Die Massigkeit

Schutz

Element: alle Elemente
Planet: Mond, Sonne
Günstige Zeiten: Montag oder Sonntag
Zunehmender Mond bis Vollmond – um dauernden Schutz zu erlangen
Abnehmender Mond – um das Boese zu bannen
Farben: Silber, Weiß, Blau
Zahl: 4,5,3,9,8
Metall: Silber
Räucherwerk: Lorbeer, Rosmarin, Salbei, Vetiver, Zypresse
Aromaöle: Salbei, Rosmarin
Pflanzen: Teufelsdreck, Nelkenwurz (verschiedene Arten), Basilienkraut (Abwehr des Bösen), Sanguinaria, Ginsterspitzen (in Wasser geben, das zum Läutern und Reinigen benutzt wird), Klette, Fingerkraut, Mutterkraut (schützt gegen Krankheit und Unfälle), Knoblauch (die Zwiebeln bei sich tragen oder über die Schwelle hängen, um Böses fernzuhalten), Ysop, Johanniskrautwurzel, Lorbeer, Mandragora, Beifuß, Nesseln (zum Binden), Petersilie, Rosmarin (vor die Haustür pflanzen, um das Heim zu schützen), Eberesche (vor allem gegen böse mediale Kräfte), Salomonssiegel (für Exorzismus), Johanniskraut, Altris farinosa, Eisenkraut (beim Aufgehen von Sirius mit der linken Hand zu pflücken), Stiefmütterchen, Maiglöckchen
Göttinnen: Mondgöttinen, vor allem Artemis (schuetzt kleine Kinder), ferner Hera, Aradia
Götter: Cuchulain, Dagda, Jupiter, Thor
Engel: Michael, Cassiel
Gewürze: Pfeffer, Knoblauch, Salz,
Lebensmittel: Apfelessig, Meerettich, Zwiebel, Peperoni
Getränk: bittere Getränke
Metall: Blei
Edelstein: Tigerauge, Türkis
Symbol: Pentagramm, Hexagramm

Mediales Wirken

Element: Luft, Wasser, Feuer
Planet: Mond
Günstige Zeiten: Vollmond – für das Maximum der medialen Kräfte
Unsichtbarer Mond – für tiefe, verborgene Geheimnisse
und Mysterien
Farben: Silber, Weiß, Schwarz

Zahl: 3 oder 9
Räucherwerk: Zimt, Safran, Wermut, andere geeignete Pflanzen
Pflanzen:
Entspannung – Anis, Katzenminze, Kamille, Löwenzahn, Hopfen, Lavendel, Linde, Minze, Petersilie, roter Klee, Salbei, Bohnenkraut, Estragon, wilder Thymian, Muskatnuss (Öl an den Schläfen einmassieren), Baldrian (kleines Kissen damit füllen), Eisenkraut
Visualisieren – Ginseng, Kolanuss, Beifuß, Helmkraut
Einschlafkissen – Lavendel und Lindenblüte
Konzentration und Gedächtnis – Baldrian, Augentrost, Zitronenmelisse, Majoran, Muskatnuss, Petersilie, Rosmarin, Salbei
Geistige Festigkeit – Kamille, Sellerie und Rosmarin gemischt
Energie – Kolanuss, Ginseng, Liebstöckel (ein Bad mit diesen Kräutern stärkt die medialen Kräfte), Matetee
Träume – Eschenblätter, Beifuß, Kamille und Helmkraut (gemischt als Tee vor dem Schlafengehen)
Vorbeugung von Albträumen und Schreckensvisionen – Kamille, Rosmarin, Waldziest (unters Kopfkissen legen)
Hellsehen und Trance – Akazienblüten, Natterwurz, Ginseng, Beifuß (als Tee für deutliche Visionen), Muskatnuss, Safran (Tee oder Räucherwerk), Wernut (Räucherwerk, an Halloween brennen, um die zurückkehrenden Geister der Mächtigen toten sehen zu können) Lorbeerblätter (pflegten die Priesterinnen von Delphi zu kauen)
Göttinnen: alle Mondgöttinen, Cybele, Hekate (Hellsehen und Zauber), Ceridwen, Hera (Prophezeiung), Nephthys, Pasiphaé (Traumorakel)
Götter: Gwydion, Hermes, Math, Merddin, Thoth, Asklepios (für Traumorakel, die etwas mit Heilung zu tun haben).

Prüfungen

Elemente: Luft
Günstige Zeiten: Mittwoch
Merkurstunden
Zunehmender Mond
Farben: Violett und andere Mischfarben
Zahl: 8
Räucherwerk: Koriander, Storax, Mastix, Muskatblüte
Aromaöle: Lavendel, Minze, Salbei, Geissblatt
Pflanzen: Farn, Gelber Klee, Wiesenblumen, Haselbusch, Mandelbaum, Fenchel, Kerbel, Lavendel, Majoran, Oregano, Pfefferminz, Bohnenkraut, Karotte, Sellerie, Endivien, Hirse
Göttinnen: Athene, Maat

Götter: Merkur, Anubis, Thoth
Engel: Raphael
Gewürze: Muskatnuss, Safran, Kümmel
Lebensmittel: Haselnuss, Walnuss, Olive
Getränke: Rotwein
Edelstein: Goldtopas, Achat
Tarot: Drei der Pentakel(Münzen, Scheiben), Der Magier, Die Massigkeit

---

Willenskraft

Elemente: Feuer
Günstige Zeiten: Dienstag
Marsstunden
Zunehmender Mond
Farben: Rot, Orange, Gold
Zahl: 5
Räucherwerk: Burgunderharz, Tabak, Wacholder
Aromaöle: Zypresse, Pinie, Zeder
Pflanzen: Tigerlilie, Anemone, rote Betonie, Kakteen, Distel, Eiche, Buchsbaum, Ilex, Basilikum, Estragon, Wermut, Lauch, Paprika, Zwiebel, Rettich
Götter: Mars, Herakles, Horus
Göttinnen: Brigit, Macha, Athene, Artemis, Bellonia
Engel: Kamel
Gewürze: Senf, Pfeffer, Wacholderbeeren
Lebensmittel: Pfifferlinge, Olivenöl, Pinienkerne
Getränke: Kaffee
Metall: Eisen
Edelstein: Granat, Rubin, Sternsaphir
Tarot: Der Wagen

Luft

Himmelsrichtung: Osten
Einflussbereiche: der Geist, jede geistige, intuitive und psychische Arbeit, Erkenntnis, abstraktes Lernen, Theorie, windgepeitschte Hügel, windige Strände, hohe Berggipfel und Türme, Wind und Atem
Tageszeit: Morgendämmerung
Jahreszeit: Frühling
Farben: Weiß, leuchtendes gelb, Karminrot, Blauweiss
Tierkreiszeichen: Zwillinge, Waage, Wassermann

Geräte: Dolch (Athame), Schwert, Weihrauchfass
Geister: die Sylphen
Engel: Michael
Name des Ostwindes: Eurus
Sinn: Geruchssinn
Edelstein: Topas
Räucherwerk: Galbanum
Pflanzen: Weihrauch, Myrrhe, Stiefmütterchen, Primel, Eisenkraut, Veilchen, Schafgarbe
Baum: Espe
Tiere: Vögel, insbesondere Adler und Falke
Göttinnen: Aradia, Aianrhod, Cardea, Nuit, Urania
Götter: Enlil, Khephera, Merkur, Shu, Thoth

Feuer

Himmelsrichtung: Süden
Einflussbereiche: Energie, Seele, Hitze, Flamme, Blut, Vitalität, Wille, Heilung und Zerstörung, Reinigung, Freudenfeuer, Herdfeuer, Kerzenflamme, Sonne, Wüsten, Vulkane, Eruptionen, Explosionen
Tageszeit: Mittag
Jahreszeit: Sommer
Farben: Rot, Gold, Orange, Weiß (wie das Licht der Mittagssonne)
Tierkreiszeichen: Widder, Loewe, Schütze
Geräte: Weihrauchfass, Zauberstab
Geister: die Salamander
Engel: Ariel
Name des Südwindes: Notus
Sinn: Gesichtssinn
Edelstein: Feueropal
Räucherwerk: Weihrauch
Pflanzen: Knoblauch, Hibiskus, Senf, Nessel, Zwiebel, roter Pfeffer, roter Mohn
Baum: blühender Mandelbaum
Tiere: feuerspeiende Drachen, Löwen, Pferde mit Funken sprühenden Hufen
Göttinnen: Brigid, Hestia, Pele, Vesta
Götter: Agni, Hephaistos, Horus, Vulkanus

Wasser

Himmelsrichtung: Westen

Einflussbereiche: Emotionen, Gefühl, Liebe, Mut, Kühnheit, Trauer, das Weltmeer, die Gezeiten, Seen, Teiche, Ströme und Flüsse, Brunnen, und Quellen, Intuition, das Unbewusste, der Schoss, Zeugung, Fruchtbarkeit
Tageszeit: abendliches Zwielicht
Jahreszeit: Herbst
Farben: Blau, Blaugrün, Grün, Grau, Indigo, Schwarz
Tierkreiszeichen: Krebs, Skorpion, Fische
Geräte: Kelch oder Becher
Geister: Undinen
Engel: Raphael
Name des Westwindes: Zephir
Sinn: Geschmackssinn
Edelstein: Aquamarin
Räucherwerk: Myrrhe
Pflanzen: Farn, Lotos, Moos, Binsen, Algen, Wasserlilien und alle Wasserpflanzen
Baum: Weide
Tiere: Drachen als Schlangen, Delphine und Tümmler, Fische, Robben und Meeressäugetiere, Seeschlangen, alle im Wasser lebenden Geschöpfe und Seevögel
Göttinnen: Aphrodite, Isis, Mariamne, Tiamat
Götter: Dylan, Ea, Llyr, Manannan, Osiris, Neptun, Poseidon

Erde

Himmelsrichtung: Norden
Einflussbereiche: der Körper, Wachstum, Natur, Nahrung, materieller Gewinn, Geld, Kreativität, Geburt, Tod, Stille, Schluchten, große und kleine Höhlen, Gräber, Felder, Felsen, Steinsetzungen, Berge, Kristall, Edelsteine, Metall
Tageszeit: Mitternacht
Jahreszeit: Winter
Farben: Schwarz, Braun, Grün, Weiß
Tierkreiszeichen: Stier, Jungfrau, Steinbock
Geräte: Pentagramm
Geister: Gnome
Engel: Gabriel
Name des Nordwindes: Ophion, Boreas
Sinn: Tastsinn
Edelstein: Bergkristall, Salz
Räucherwerk: Storax
Pflanzen: Schwarzwurz, Efeu, Getreide: Gerste, Hafer, Mais, Reis, Roggen, Weizen
Baum: Eiche
Tiere: Kuh oder Stier, Büffel, Erdschlangen, Hirsch
Göttinnen: Ceres, Demeter, Gaea, Mah, Nephthys, Persephone, Prothivi, Rhea,

Rhiannon
Götter: Adonis, Athos, Arawn, Cernunnos, Dionysos, Marduk, Pan, Tammuz

---

Geist/Äther

Richtung: Mitte und Umfang, genau und ungefähr
Einflussbereiche: Transzendenz, Umwandlung, Veränderung, überall und nirgendwo, innen und außen, Leere, Immanenz
Zeit: jenseits der Zeit, Zeitlosigkeit
Jahreszeit: das wirbelnde Rad des Jahres
Farben: durchsichtig, Weiß, Schwarz
Geräte: Hexenkessel
Sinn: Gehör
Pflanze: Mistel
Baum: der blühende Mandelbaum
Tier: Sphinx
Göttinnen: Isis, der Geheimname der Göttin, Shekinah
Götter: Akash, Iao, JHVH (Jehova)

Mond

Einflussbereiche: Frauen, Zyklen, Geburt, Zeugung, Inspiration, Dichtung, Empfindungen, Reisen (vor allem auf Wasser), das Meer und die Gezeiten, Fruchtbarkeit, regen, Intuition, mediale Fähigkeiten, Geheimnisse
Neumond und zunehmender Mond – die Jungfrau, Geburt und Initiation, Jungfräulichkeit, Anfaenge, die Jagd
Vollmond – die Mutter, Wachstum, Erfüllung, Sexualität, Reifung, Ernährung, Liebe
Abnehmender oder unsichtbarer Mond – die Greisin, die Frau nach der Menopause, Alter, tiefe Geheimnisse, Weisheit, Wahrsagung, Prophezeiung, Tod und Auferstehung, Beendigung
Tag: Montag
Element: Wasser
Farben:
Zunehmender Mond – Weiß oder Silber
Vollmond – Rot oder Grün
Abnehmender Mond – Schwarz
Tierkreiszeichen: Mond
Ton: h
Buchstabe: S
Zahl: 3 oder 9

Edelstein: Mondsteine, Perle, Quarz, Bergkristall
Kabbalistische Sphäre: 9 Yesod – Basis
Engel: Gabriel
Räucherwerk: Lorbeerblatt, Ginseng, Jasmin, Myrte oder Mohn
Pflanzen: Banane, Kohl, Vogelmiere, Gurke, Blattgemüse, Lotos, Melone, Pilze, Myrte, Schlafmohn, Kürbis, Portulak, Stechpalme, Meeresalgen, Wasserkresse, wilde Rose, Immergrün
Baum: Weide
Tiere: Hase, Elefant, Katze
Göttinnen: Artemis, Brigid, Brizo, Ceridwen, Diana, Hathor, Isis, Hekate, Levanah, Luna, Mari, Nimué, Pasiphaé, Phoebe, Selene, Anna
Zunehmender Mond – Artemis, Nimué
Vollmond – Diana, Mari
Abnehmender Mond – Hekate, Anna
Götter: Atlas, Khonsu, Sin

Mars

Einflussbereiche: Stärke, Kampf, Krieg, Zorn, Konflikt, Aggression
Tag: Dienstag
Element: Feuer
Farben: Rot
Tierkreiszeichen: Widder, auch Skorpion wird mitunter angegeben
Ton: c
Buchstabe: T
Zahl: 2,3 oder 16, eventuell 5
Metall: Eisen, Stahl
Edelstein: Blutstein, Granat oder Rubin
Kabbalistische Sphäre: 5 Gevurah – Staerke, Strenge
Engel: Kamael
Räucherwerk: Zypresse, Pinie, Tabak
Pflanzen: Baldrian, Aloe, Teufelsdreck, Basilienkraut, Rote Betonie, Kapern, Paprika, Koriander, Drachenblut, Enzian, Ingwer, Knoblauch, Senf, Zwiebel, Pfeffer, Rettich, Sarsaparille, Estragon
Baum: Steineiche, Kermeseiche
Tier: Kroneidechse (Basilisk)
Göttinnen: Anath, Brigid, Dione, Morrigan
Götter: Ares, Crius, Herakles, Mars, Nergal

Merkur

Einflussbereiche: Verständigung, Intelligenz, Cleverness, Kreativität, Wissen, Gedächtnis, geschäftliche Transaktionen, Dieberei
Tag: Mittwoch
Element: Luft, Wasser
Farben: Violett, Mischfarben
Tierkreiszeichen: Zwillinge, Jungfrau
Ton: e
Buchstabe: C
Zahl: 1,4 oder 8
Metall: Legierungen
Edelstein: Opal, Achat
Kabbalistische Sphaere: 8 Chod – Ruhm
Engel: Michael
Räucherwerk: Storax, Muskatblüte oder Sandelholz
Pflanzen: Kümmel, Karotten, Kreuzdorn, Dill, Wiesenalant, Fenchel, Gelber, Bockshornklee, Minze, Lavendel, Süßholz, Alraune, Majoran, Myrte, Petersilie, Granatapfel, Baldrian
Baum: Haselstrauch, Esche, Mandelbaum
Tiere: Hermaphroditen, Schakal oder Zwillingsschlangen
Göttinnen: Athene, Maat, Metis
Götter: Coeus, Anubis, Hermes, Lug, Nabu, Merkur, Thoth, Wodan

Jupiter

Einflussbereiche: Führerschaft, Politik, Macht, Ehre, Königtum, öffentliche Anerkennung, Verantwortung, Wohlstand, Geschäft, Erfolg
Tag: Donnerstag
Element: Luft, Feuer
Farben: Dunkelblau, Purpur
Tierkreiszeichen: Schütze
Ton: g
Buchstabe: D
Zahl: 4 oder 5
Metall: Zinn
Edelstein: Amethyst, Chrysolit, Saphir, oder Tuerkis
Kabbalistische Sphaere: 4 Chesed – Barmherzigkeit
Engel: Tsadikiel
Räucherwerk: Zeder, Muskatnuss
Pflanzen: Odermenning, Anis, Esche, Springkraut, Rote Betonie, Sanguinaria, Borretsch, Fingerkraut, Klee, Narzisse, Ysop, Linde, Minze, Mistel, Muskatnuss, Salbei
Baum: Eiche, Olivenbaum, Terebinthe

Tier: Einhorn
Göttinnen: Isis, Hera, Themis
Götter: Bel, Eurymedon, Jupiter, Marduk, Thor, Zeus

Venus

Einflussbereiche: Liebe, Harmonie, Anziehungskraft, Freundschaft, Vergnügen, Sexualität
Tag: Freitag
Element: Erde, Wasser
Farben: Grün, Indigo, Rosa
Tierkreiszeichen: Stier, Waage
Ton: a
Buchstabe: Q
Zahl: 5,6 oder 7
Metall: Kupfer
Edelsteine: Bernstein, Smaragd
Kabbalistische Sphaere: 7 Netzach – Brillanz
Engel: Haniel
Räucherwerk: Benzoe, Jasmin, Rose
Pflanzen: Robinienblüten, Mandelöl, Aloe, Apfel, Birke, Gelbe Narzisse, Damaszenerrose, Holunder, Mutterkraut, Feige, Geranie, Minze, Beifuß, Olivenöl, Flohkraut, Wegerich, Himbeere, Rose, Erdbeere, Gänsefingerkraut, Thymian, Verbene, Eisenkraut, Veilchen
Baum: Apfel, Quitte
Tiere: Taube, Luchs
Göttinnen: Aphrodite, Beltis, Asherah, Astarte, Freia, Hathor, Inanna, Isis, Ishtar, Mari, Mariamne, Tethys, Venus
Götter: Eros, Okeanos, Pan

Saturn

Einflussbereiche: Hindernisse, Begrenzungen, Bindungen, Wissen, Tod, Gebäude, Geschichte, Zeit
Tag: Samstag
Element: Wasser, Erde
Farben: Schwarz, Blau
Tierkreiszeichen: Steinbock
Ton: f

Buchstabe: F
Zahl: 7 oder 3
Metall: Blei
Edelstein: Perle, Onyx oder Sternsaphir
Kabbalistische Sphäre: 3 Binah – Verstaendnis
Engel: Tsaphkiel
Räucherwerk: Zibet, Eisenbaum, Myrrhe
Pflanzen: Eisenhut (Sturmhut), Rote Beete, Natterwurz (Schlangenknöterich), Schwarzwurz, Zypresse, Nieswurz, Schierling, Schachtelhalm, Hanf, Bilsenkraut, Alraune, Schlafmohn, Salomonssiegel, Thymian, Eibe
Baum: Erle, Granatapfel
Tiere: Krähe, Rabe
Göttinnen: Cybele, Demeter, Hekate, Hera, Isis, Kali, Nephthys, Rhea
Götter: Bran, Kronos, Ninib, Saturn, YHVH (Jehova)

Sonne

Einflussbereiche: Freude, Erfolg, Fortschritt, Führerschaft, natürliche Macht, Freundschaft, Wachstum, Heilung, Licht
Tag: Sonntag
Element: Feuer
Farben: Gold, Gelb
Tierkreiszeichen: Loewe
Ton: d
Buchstabe: B
Zahl: 1, 6 oder 21
Metall: Gold
Edelstein: Topas, gelber Diamant
Kabbalistische Sphäre: 6 Tiphereth – Schönheit
Engel: Raphael
Räucherwerk: Nelken, Zimt, Weihrauch, Lorbeer, Olibanum
Pflanzen: Robinie, Engelwurz, Lorbeerbaum, Kamille, Zitrusfrüchte, Heliotrop, Wacholder, Liebstöckel, Ringelblume, Mistel, Rosmarin, Gartenraute, Safran, Johanniskraut, Sonnenblume, Weinrebe
Baum: Robinie, Lorbeerbaum, Esche, Birke, Ginster
Tiere: Adler, Loewe, Phoenix, Sperber
Göttinnen: Amaterasu, Bast, Ilat, Sekhmet, Theia
Goetter: Apollo, Helios, Hyperion, Legba, Lug, Ra, Semesh, Vishnu, Krishna, Rama

---

Tageszeiten

Der Morgen
Hier ist ein hoher Energielevel vorhanden. Ihr könnt euch von schlechten Angewohnheiten befreien, könnt negative Energien bekämpfen oder ein neues Projekt beginnen.

Der Mittag
Er wandelt Schwäche in Stärke um. Man kann hier gut schwierige Entscheidungen treffen und sein (Absatz?)inneres Gleichgewicht finden.

Der Nachmittag
Hier ist der Energielevel niedrig. Es ist die beste Zeit für Zauber, die die Willenskraft unterstützen.

Die Nacht
Hier wirkt die Energie des Mondes. Sie bringt Klarsicht, Konzentration und Intuition; man hat mehr Verständnis für die Umgebung.

Jahreszeiten

Der Frühling
Hier kann man frische Energie tanken und es ist eine gute Zeit um Kräuterziehen.

Der Sommer
Auch hier gilt Energie tanken. Man sollte laufende Unternehmungen stärken und unbeständige Dinge festigen.

Der Herbst
Er steht ganz im Zeichen von Job, Schule, Beständigkeit und Konzentration auf Familie und Freunde.

Der Winter
Die beste Zeit um sich auf sich selbst zu besinnen und für Heilungen sowie eben Selbsterkenntnis.

Wochentage

Die jeweiligen Wochentage stehen immer im Zeichen eines besonderen Planeten. Hier stehen die jeweiligen Wochentage mit dem dazugehörigen Planeten und was man an diesen Tagen am Besten erledigt.

Sonntag
Sonne:
Probleme mit Autoritäten lösen, Gesundheit, Kraft, Energie, Geld

Montag
Mond: Wachstum, Fruchtbarkeit (auch im übertragenen Sinne!)

Dienstag
Mars:
Mut, Erfolg, Probleme mit Gewalt, Konkurrenten

Mittwoch
Merkur:
Kommunikation, Nachdenken, Weisheit

Donnerstag
Jupiter:
Gesundheit, Konzentration, Prüfungen

Freitag
Venus:
Liebe, Romantik, Schutz, Geborgenheit

Samstag
Saturn:
Intuition; Themen wie Krankheit, Tod können jetzt offen angegangen werden

---

XAX
Soror Runa

Ein mittelalterlicher Magier mit Alchemie Labor zelebriert ein Gebet
aus der Abramelin Operation
-
Schön, dass es heute auch einfacher geht!

Corpus Fecundi to GO

corpus /'kɔ:pəs/ Substantiv, n,	[1] Körper, [2] Körperschaft
fecundus /fe:'kun.dus/ Adjektiv	[1] ergiebig, [2] fruchtbar, [3] reichlich, [4] einfallsreich

Der Corpus Fecundi ist das Grimoire der AutonomatriX, sozusagen unser "Book of Shadows" - und mehr. Es enthält eine Sammlung von über 200 originalen Arbeiten. Der Hauptteil dieser Arbeiten entstand durch Arbeitsgruppen und einzelne Mitglieder der AX. Er enthält außerdem Poesie, Essays und andere Schriften einiger Axiome, zudem gibt es Aufzeichnungen und Berichte einiger früherer Projekte. Außerdem gehört der Index der Autoren dazu. Der CF ist keine

Sammlung irgendwelcher geheimer alter Zaubersprüche, sondern eine Sammlung von Arbeiten und Forschungen einiger Axiome und Arbeitsgruppen, welche sich entschieden haben, ihre Erfahrungen mit anderen zu teilen. Mehr Informationen findest du auf unserer Website (autonomatrix.de).

Dieses Kapitel der KaoZine haben wir nach dem echten Corpus benannt, der Teil des Energiefeldes der AutonomatriX ist. Die Artikel hier wurden eigens für das Magazin geschrieben, doch die Anlehnung im Namen soll inspirieren und das Interesse für den Corpus Fecundi wecken.

XIQUAL AUTONOMATRIX

Wie erstelle ich einen dauerhaften Schutzkreis?

Wir kennen alle mehr oder weniger die Praxis des Schutzkreises. Für viele ist es nur eine Standardfloskel zu Beginn eines Rituals. Einige haben diesen Schutzkreis so modifiziert, dass die einzelnen Wächter und Elemente nicht mehr als solches angerufen werden. Vielleicht hat der eine oder andere von Euch sich schon einmal wirklich in Gefahr befunden und hat dann (auch ohne Werkzeuge) einen Schutzkreis gezogen und es hat funktioniert!

Aber wir alle wissen, dass wenn man aus dem Schutzkreis heraustritt oder jemand anderes herein tritt der Kreis in sich zusammenfällt, so fern man

nicht ein Tor mit hinein projiziert.

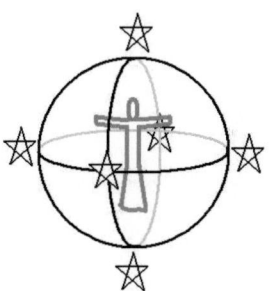

Kann man dann also einen Schutzkreis so konfigurieren, dass er dauerhaft bestehen bleibt? Ja dies ist möglich. Solch ein dauerhafter Schutzkreis sollte natürlich dennoch regelmäßig gepflegt werden. Zu diesem Zweck empfehle ich ihn trotzdem alle zwei Monate zu erneuern.

Wofür eignet sich dann dieser Schutzkreis? Er eignet sich für die Wohnung, das Haus, das Grundstück und sogar für das Auto.

Wie wird er dann erstellt? Zuerst solltest du die benötigten Materialien bereitstellen:

✳ Besen,

✳ Glocke,

✳ Salz,

✳ Weihwasser,

✳ Weihrauch,

✳ eine weiße Kerze

✳ ein Schutzöl: Rosmarin oder Zedernöl, es gibt im Handel aber auch fertige Schutzölproduckte

Die Durchführung: Das zu schützende Objekt, in unserem Beispiel eine Wohnung, sollte sauber und gereinigt sein! Nach dem Du das Objekt physisch gereinigt hast, wird es einer spirituellen Reinigung unterzogen. Die Erklärung hierfür gibt es im Anschluss dieses Rituales. Solltest Du einen Garten besitzen gehe nach draußen, anderenfalls schreite die Außenmauern der Wohnung ab.

Zuerst gehst Du dreimal im Uhrzeigersinn um die Wohnung und verstreust dabei gleichmäßig das **Salz.** Visualisiere dabei, wie das Salz alles Negative auflöst. Nun gehst Du dreimal ebenfalls im Uhrzeigersinn mit der **Glocke** um die Wohnung. Der Klang der Glocke löst festgesetzte Energiemuster auf. Danach gehst Du mit dem **Weihwasser** ebenfalls dreimal um die Wände und besprengst diese. Das Negative, das durch den Klang der Glocke aufgescheucht wurde, wird mit dem gebunden. Anschließend nimmst Du den **Besen** und gehst ebenfalls dreimal durch die Wohnung und fegst alles Negative zusammen. Öffne deine Türe und setz die negativen Energien buchstäblich vor die Türe. Dabei visualisierst Du, wie Dein Besen eine Spur von reinem und klarem Licht hinterlässt.

Nach dem dies alles geschah, gehst Du mit dem **Weihrauch** auch noch dreimal um die Wohnung. Zum Schluss schreitest Du noch ein letztes Mal die Wohnung mit der brennenden **Kerze** ab, dies geschieht ebenfalls dreimal. Dabei rufst Du

Deine Götter und Deine Schutzgeister (insofern Du welche hast) für einen dauerhaften Schutz für Deine Wohnung an.

Die Worte können zum Beispiel lauten:

Es ist mein Wille, mit der Kraft und der Energie der göttlichen Wesen (du kannst den Namen Deiner Gottheit hier *einfügen) einen Schutzkreis entstehen zu lassen. Meine Wohnung ist von nun an vor allem Negativen und Bösen* *geschützt! Dies ist mein Wille, so geschehe se!*

XAX

Soror Runa

Die spirituelle Reinigung von Gegenständen und Objekten

Nachdem Du den Gegenstand physisch gereinigt und poliert hast, geht es jetzt darum, diesen Gegenstand energetisch zu reinigen. Ich persönlich mache dies immer, wenn ich ein Schmuckstück geschenkt oder geerbt habe, aber auch dann, wenn ich in eine neue Wohnung ziehe. Dieses Prozedere wende ich auch dann an, wenn ich z.B. auch nur in einem Raum etwas magisch arbeiten will.

Dafür werden folgende Materialien benötigt:

* Eine weiße Kerze
* Quellwasser
* Räucherwerk
* Meersalz
* ein Tischtuch

Die Durchführung: Lege Dir alle Materialien auf einen Tisch bereit (am besten auf Deinen Altartisch, sofern Du einen Altar hast). Entzünde nun das Räu-

cherwerk und die Kerze. Eine mögliche Mischung könnte sein:

* 2 Teile Salbei
* 1 Teil Benzoe Siam
* 1 Teil Zedernholz
* ½ Teil Drachenblut
* 4 Teile Copal blanko

Zu Beginn des Rituals werden die vier Elemente angerufen und eingeladen. Dies kann in einem kurzen Satz oder durch eine Anrufung Deiner Wahl geschehen. Nun wird der Gegenstand durch den Rauch geführt. Visualisiere dabei, wie der Rauch alle unerwünschten Energien vernichtet. Dieser Vorgang wird dann mit dem Salz, dem Wasser und der Kerzenflamme wiederholt, wobei Du den Gegenstand jeweils mit Salz bestreust, in Wasser tauchst und (nicht zu nahe) kurz über die Kerzenflamme hältst.

Jetzt ist der Gegenstand von den alten Energien befreit und ist bereit für neue Aufgaben, ob als Schutzamulett, magisches Werkzeug oder gänzlich anderes.

Viel Spaß beim Reinigen Deiner Ritualgegenständen.

XAX

Soror Runa

Sagt Merkur während eines Rituals zum Magier: „Wie schmeckt ein Sakrament? – Göttlich!"

Die schwarze Weihe des Rings der Nekromanten

Beim "Ring der Nekromanten" handelt es sich um ein Artefakt, das den (Absatz?)

Adept des Schwarzen Strahls dazu bemächtigt, die Geister der Toten zu beherrschen. Der zu weihende Ring kann einer sein, zu welchem der Magier bereits eine besondere Verbindung spürt. Die effektivste Variante ist es jedoch den Ring selbst herzustellen.

Ist ein entsprechender Ring vorhanden obliegt es nun dem Magier ihn aufzuladen. Präpariere den Ritualbereich dafür möglichst finster und nach dem Thema "Tod".

Sprich: *"Ich reinige diesen Raum von allem was mir und meiner Zauberei abträglich ist."* Führe dabei eine bannende Geste aus.

Anschließend lege viel schwere, saturnische Räucherung auf und entzünde eine einzelne schwarze Kerze, während du eine Anrufung an eine Todesgottheit sprichst, die als Zeuge und unterstützend wirken soll.

Ich wählte an der Stelle die germanische Göttin Hel für die-

ses Ritual, daher hier die entsprechende Anrufung:

'Hel! Herrin der tiefsten Welt und Königin im Reich der Toten. Hel! Finstere Göttin, Lehrmeisterin des Lebens und des Todes. Ich rufe dich an. Sei heute Nacht Zeuge und unterstütze mich bei meiner Arbeit. Denn es ist mein Wille, ich erschaffe einen Ring der mir Macht über die Toten verleiht. Oh große Göttin Hel! Ich bringe dir dafür dieses heilige Opfer!"

Schütte nun etwas Wein in eine Opferschale, welche du im Anschluss an das Ritual für ca. 24 Stunden stehen lassen solltest, also wähle den Platz mit bedacht. Winterlicher Glühwein eignet sich dafür hervorragend, solltest du ihn nicht all zu häufig trinken.

Stelle dir vor, wie du dich mit deinem Ritualdolch in die Hand schneidest und lasse drei große Tropfen astralen Blutes in die Opferschale fallen.

Sieh dann, wie sich deine astrale Wunde wieder verschließt. (Natürlich kannst du dir auch physisch in die Hand schneiden, wenn du der Ansicht bist, dass dies nötig ist. Ich rate jedoch davon ab, da es hier bloß um die Essenz geht, nicht um die Materie.)

Nun wird ein Mantra zur Beschwörung von finsterer Energie gesungen, während eine Erregungsgnosis aufgebaut wird. (Trommeln, Tanzen, Singen, Rasseln...)

Ein solches Mantra ist z.B. (Erscheine Schwarze Energie):

"XIQUAL BUKE ERUG YEH!" Wenn du denkst es genügt, sammelst du die beschworene Energie in dir und sendest sie dann in eine Schale eiskalten klaren Wassers auf dem Altar. Stelle dich hierzu gerade hin, die Arme nach oben von dir gestreckt, wie in der Man-Stellung.

Sauge die Kraft um dich mit der Luft ein, wobei Kopf und Arme als Antennen dienen. Sauge alles in dich auf, dann überkreuze die Arme auf deiner Brust (rechter Arm oben) und lasse sie zu den Seiten nach unten gleiten, sodass du in der Yr-Stellung stehst.

Intoniere "Haal" während du ausatmest und visualisiere wie sich die Todesenergie in dir staut. Es sollte ein flüssiger Bewegungsablauf entstehen, welcher dem Aussehen der Hagal-Rune ähnelt. Visualisiere dich als schwarze Hagal-Rune. Wiederhole diese Technik bis du sämtliche von dir beschworenen Todesenergien in dir gestaut hast. Weiter unten findest du die Abbildungen der Runen.

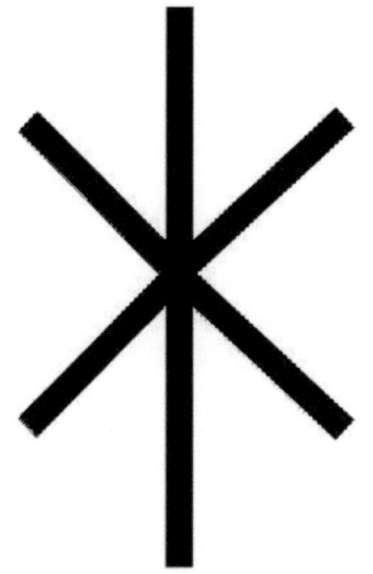

Nun hast du die nötige Energie herangeschafft. Kommen wir also zur Ladung des Wassers. Bilde hierfür mit deinen beiden Händen eine Schale und visualisiere eine Hagal-Rune in ihrem Zentrum. Dann atme tief ein und puste die in dir angestaute Energie in die Rune. Übertrage die Energie durch deinen Atemstrahl. Wiederhole dies so oft bis du meinst sämtliche Todesenergie aus dir heraus in die Rune geleitet zu haben.

Nun nimm deine Hände weg und lasse die Rune ins Wasser fliegen, mit welchem sie sogleich fusioniert. Visualisiere das Wasser, wie es von der Rune energetisiert wird, sodass schwarze Blitze über die Oberfläche tanzen.

Dann wird der Ring dem energetisierten Wasser übergeben. Sprich dabei die Worte: *"Ich übergebe das nackte Metall dem Wasser der Totenmacht. Auf das es wiedergeboren wird als Ring der Nekromanten."* Danach folgt eine Meditation über dich selbst als Todesmagier und die Rolle des Rings in diesem Kontext. Visualisiere Bilder, wie du durch die Kraft des Rings der Nekromanten Geister rufst, bannst, zwingst und kontrollierst und gleichzeitig wie der Ring auf der

materiellen Ebene die schwarze Energie des Wassers absorbiert.

Es folgt der letzte Teil der Weihe, in dem der Ring aus dem Gefäß an die Luft auf Augenhöhe gehoben wird, während du folgende Proklamation sprichst:

"Aus toten Wassern auferstanden

Ein Ring - der Toten Rufer

Ein Ring - der Toten Knechter

Ein Ring - der Toten Bann

Herrschaftsring aus totem Land

Durch Hel an meine Hand gesandt

Ring der Macht

Ring der Nacht

Ring des Eises

Frucht des Fleißes

Der Toten Furcht

Der Geister Pein

Schutz und Macht sind mein

So soll es sei"

Dann steckst du den Ring auf und fühlst wie die Macht des Schwarzen Strahls deinen Körper durchströmt und eins mit dir ist. Nimm nun die schwarze Kerze, hebe sie auf Augenhöhe und sprich: *"Möge sich das was ich in Bewegung versetzte, mit aller Macht und Kraft manifestieren!"*

Lösche die Kerze und führe abschließend zur Absorption der Energiereste, sowie außerdem zur Bannung möglicher unerwünschter Nebenprodukte die folgende Form eines Gnostischen Hexagrammrituals durch:

1) Stehe nach Osten und visualisiere einen gleißenden Energiestrahl der von oben über dein Sahasrara-Chakra durch deinen Kopf fließt. Zeitgleich intoniere: *"I"*

2) Visualisiere den Energiestrahl bis zum Vishuddha-Chakra und intoniere:

"E"

3) Visualisiere den Energiestrahl bis zum Anahata-Chakra und intoniere:

"A"

4) Visualisiere den Energiestrahl bis zum Manipura-Chakra und intoniere:

"O"

5) Visualisiere den Energiestrahl bis zum Muladhara-Chakra und intoniere:

"U"

6) Visualisiere den Energiestrahl nun, wie er deinen gesamten Körper einhüllt und intoniere: *"M"*

7) Wiederhole die Punkte 5, 4, 3, 2, 1, bis der Strahl deinen Körper wieder über dein Sahasrara-Chakra verlassen hat.

8) Stehe nach Osten und intoniere *"IEAOUM"* mit einem Atemzug, wobei du mit der ausgestreckten Hand ein unikursales Hexagramm in die Luft vor dir ziehst und intensiv visualisierst.

9) Nach einer Vierteldrehung gegen den Uhrzeigersinn wiederholst du Punkt 8. Das tust du wieder, bis du in alle vier Himmelsrichtungen Hexagramme gezogen hast und wieder in Richtung Osten stehst.

10) Wiederhole die Punkte 1-7.

XAX
Frater Somhal 312

(unikursales Hexagramm):

Seidhr-Arbeit mit Hel -:-

Das Ritual wurde als Gruppenritual für 9 Personen entworfen. Hierbei sollten die Trommler, sofern möglich, weiblich sein.

Paraphernalia: Sigil der Hel mit Kreide auf dem Boden

2 Trommeln, saturnische Räucherung, vorbereitete Opfergabe und insgesamt 6 Teelichter in den Freiräumen des Mittelkreises.

Gliederung:

0. Vorbereitung der Opfergabe und Räucherung

1. Proklamation des Willens

2. Beginn der Energetisierung

3. Reise nach Helheim

4. Rückkehr mit Hel (Invokation)

5. Darbringung der Opfergaben, Wunschäußerung

6. Dank und Entlassung

7. Ritualende: Bannung

Aufstellung:

(S = Siedemagier)

(T = Trommler)

(P = Praktiker)

(W = Wächter)

(SP = Sprecher)

Durchführung:

0. Es wird ein Kelch mit warmem Kuhblut und ein wenig Blut eines jeden Teilnehmers zwischen **W**ächter und **SP**recher bereitgestellt und die Räucherung entzündet.

1. Der **SP**recher proklamiert den Willen der Zusammenkunft (hell markierter Text bedeutet

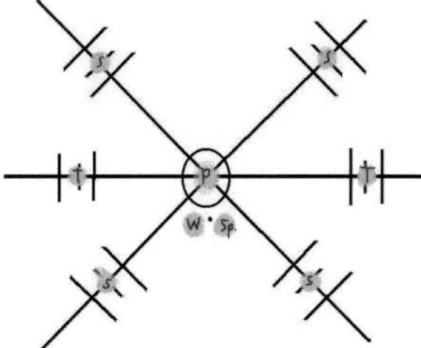

Wiederholung durch die Gruppe.):

Die Gemeinde hat sich in dieser Nacht an diesem Ort versammelt um Seidhr zu praktizieren. Ihr Geister dieses Ortes! So

höret unseren Willen! Es ist unser Wille, dass Bruder/Schwester (Name) eine Reise nach Helheim vollzieht und mit unserer großen Göttin des Todes Hel zurückkehrt, damit sie uns ihren Segen gewährt.

Ihr Geister dieses Ortes! So höret unseren Seidh!

2. Der Sprecher gibt das Zeichen, sodass die Trommler mit dem Trommeln beginnen. Zuerst wird ein langsamer Takt angeschlagen, der sich im späteren Verlauf zu einem ekstatischen Trommeln steigert. Getrommelt wird in einem vierviertel Takt geschlagen. Das heißt, der erste Schlag von vieren wird immer betont. In etwa: 1-234, 1-234, 1-234

Die Siedemagier fangen an sich im Rythmus der Trommeln zu schütteln, während sie und der Wächter, sofern sie können bzw. sofern nicht anders eingesetzt mit tiefer Stimme "Saljar Heljar" chanten, was soviel bedeutet wie "Eintritt in Hels Reich". Sobald alle Siedemagier sich eingeschüttelt haben fangen die Trommler an "Hagalaz" zu singen. Den Namen der Rune, welche die Energieleitlinien zum Praktiker im Mittelpunkt im Ritual bilden.

Nach etwas Einstimmung sollten Trommeln, Schütteln, „Saljar Heljar" und „Hagalaz" eine wirkungsvolle Einheit bilden. Alle Teilnehmer bis auf den Wächter konzentrieren die sich aufbauende Energie die Leitlinien entlang in den Praktiker im Mittelpunkt der Rune. Die Trommler sind angehalten ihren Hagalaz-Galdr ruhig melodiös zu variieren, sofern sie es wünschen. Der Wächter hilft den Siedemagiern sofern sie außer Kontrolle geraten auf ihren Platz zurück und nimmt im Notfall einen ihrer Plätze ein, damit das Ritual nicht abgebrochen werden muss. Er vertreibt im Zweifelsfalle auch unerwünschte Geister, die versuchen von einem Gruppenmitglied Besitz zu ergreifen, energisch mit einer magischen Waffe, jedoch ist diese Art Zwischenfall meines Erachtens nach eher unwahrscheinlich.

3. Der SPrecher spricht laut folgende Worte zum Praktiker, welcher sich währenddessen

die Energie absorbierend in tiefe Trance wiegt:

Hel, dunkle Mutter erhöre unseren Ruf
Öffne die Tore des Helsgrind
Lasse diesen Seidhmann vorbei an Garm und Fialar
Lasse diesen Seidhmann Fallandaforad durchschreiten und vor Eljudnir, deinen Throne, treten
Komm zu uns herauf Herrin des Todes
Und nimm unser Opfer entgegen.
Das ist unser Wille!

4. Energetisierung und Klangteppich werden fortgesetzt, bis der **P**raktiker seine Reise vollendet hat und als Hel die Augen öffnet. Der **SP**recher fragt den **P**raktiker respektvoll:

Seid Ihr die schwarze Königin?

Gibt er sich als Hel zu erkennen, fährt der **SP**recher weiter fort, während er und der **W**ächter, sofern letzterer nicht gerade im Einsatz ist, sich respektvoll verbeugen:

Wir begrüßen die Herrin der tiefsten Welt!

5. Der **SP**recher überreicht der Göttin das Opfer und bittet sie um ihren Segen:

Oh finstere Hel, wir bitten dich, schenke uns allen die Energie der schwarzen Gnosis!

SPrecher und **W**ächter beugen ihr Haupt und alle Anwesenden konzentrieren sich auf den Empfang der Energie. Nach Erhalt der Gaben und einer kurzen Wartezeit fährt der Sprecher mit dem nächsten Punkt fort.

6. **SP**recher. dankt und entlässt Hel mit den folgenden Worten:

Wir danken dir, finstere Göttin, für deine schwarzen Gaben

Nun aber ist es unser Wille, das du von unserem Bruder ablässt Und auf drei mal Heil in dein Reich zurückkehrst Bis wir dich eines Tages wieder rufen.

(Trommeln und Gesang erreichen einen letzten Höhepunkt, dann schreit der **SP**recher die folgenden Worte, welche von der Gruppe wiederholt geschrien werden:)

HEIL HEIL HEIL HEL!

Trommeln und Gesang kommen langsam zur Ruhe bis sie vollkommen verstummt sind.

7. Die Anwesenden geben dem **P**raktiker Zeit wieder zu sich zu kommen, löschen die Kerzen und fangen im Zweifelsfall an zu exorzieren. Wenn sich alle ein wenig erholt haben, folgt eine intensive Bannung. Damit ist das Ritual beendet. Erfahrungen sollten besprochen werden.

XAX
Frater Somhal 312

Erdkraftmeditation (Eine Katharsis-Arbeit)

Es ist hilfreich für diese Übung meditative und angenehme Musik zu verwenden.

1. Lege dich in das Savasana (Totenstellung), auf einen weichen Untergrund und schließe die Augen.

2. Imaginiere wie du auf einer Waldlichtung auf frischer, weicher, gesunder Walderde liegst.

3. Fühle, wie du langsam und sicher vollständig in der Erde versinkst.

4. Imaginiere dich, wie du nun unter der Oberfläche in der Erde bist. Alles um dich herum ist Erde. Die Oberfläche existiert gerade nicht mehr. Alles ist Erde. Jedoch kannst du atmen,

denn alles ist von Sauerstoff und Atem/Prana durchdrungen. Nimm ein paar tiefe Atemzüge und spüre wie die Erde alles negative von dir nimmt und dich reinigt.

5. Nun wirst du selbst zur Erde. Dein Körper wird immer mehr zu der Erde die ihn umgibt. Du bist eins mit der Erde. Alles ist Erde.

6. Dein körperloser und vollkommen reiner Geist liegt nun friedlich in der Erde.

7. Spüre wie von unter dir aus der Erde nun etliche gesunde, friedliche, grüne Pflanzen wachsen. Dein Geist liegt auf ihrem Weg nach oben und so tragen sie ihn mit hinauf.

8. Sie tragen ihn bis über die Oberfläche und fangen dort an ihn sanft und zärtlich zu umschlingen. Sie wachsen durch ihn hindurch und um ihn herum. Spüre wie die gesunden und natürlichen Pflanzen langsam eins werden mit deinem befreiten Geist. Sie liegen an wie eine zweite Haut. Sie bilden deinen neuen gereinigten Körper. Die Pflanzen die aus der Erde kamen. Sie bilden deinen neuen Körper, der manifestiert ist.

9. Nun imaginiere dich, wie du dort liegst, mit deinem reinen, grünen und natürlichen Pflanzenkörper. Sehe wie die Sonne aufgeht und ihr Schein langsam, Stück für Stück den Waldboden, auf dem du liegst, erhellt. Mit jedem Stück, welches an dir vom Schein der angenehm warmen Sonne erhellt wird, verändert sich das Erscheinungsbild von Pflanze in Fleisch. Angefangen vor deinen

Füßen, bis über den Kopf und die Haare hinaus.

10. Atme ein paar Mal tief durch. Spüre den warmen Schein der Sonne, wie er auf deinen Körper fällt. Du bist wiedergeboren. Du hast die alte Erde, den alten Körper, durch die frische Erde, deinen neuen Körper, ersetzt. Du bist wiedergeboren. In Kraft und Frieden. Meditiere einen Moment über das Gefühl, dann öffne die Augen.

XAX
Frater Somhal 312

Der Erdbeerbär

Das folgende Ritual ist teilweise diskordischer[1] Natur und ist schon zu vielen magischen Treffen oder selbst Geburtstagsfeiern gereist, wo es von allen Teilnehmern begeistert aufgenommen wurde. Im Zentrum dieser Arbeit steht ein harmloser kleiner Teddybär, der jedoch ein grausames Geheimnis in sich trägt...

Der Mythos des Erdbeerbären ist eine uralte Legende der Fragarier, auch Scharlach Indi-aner genannt. Einer längst untergegangenen indianischen Kultur, deren Anfänge heutige Forscher bis in die Steinzeit zurückdatieren können. Das Zentrum ihrer Kultur soll in der Nähe des Sankt-Lorenz-Stromes zwischen Kanada und den Vereinigten Staaten gelegen haben. Jedoch wurden auch Ausläufer dieses Kultes in Chile nachgewiesen und eine Verbreitung ist selbst bis in das heutige Holland nachweisbar. Man merkt also, dass der Kult des Erdbeerbären keineswegs lokal war, sondern die Spuren eines solchen ein internationales

---

[1] Der Diskordianismus versteht sich als Religion getarnter Witz oder auch als Witz getarnte Religoin

Phänomen darstellt. Leider ist ansonsten sehr wenig über diese herausragende Kultur bekannt. Der Grund hierfür hängt unmittelbar mit ihrem Kultobjekt zusammen, dem sagenumwobenen Erdbeerbären. Bei diesem handelte es sich, so führende Forscher, um einen Fetisch in Form eines Bären, der einen „Duft der Liebe, der den Kojoten bei den Kindern schlafen und Schmetterlinge aus ihren Backen strömen lässt" verbreitet, wie es aus einer alten Inschrift hervor geht. Forscher vermuten, dass es sich bei diesem „Duft der Liebe" um eine Droge gehandelt haben muss, die wohl visuelle Effekte und ein Gefühl der Geborgenheit hervorrief. Dies wiederum sorgte wohl für eine hohe Abhängigkeit unter den Anhängern des Kultes. Man könnte die einstigen Tempelanlagen als eine Art Aschram bezeichnen, als erste Kommune der menschlichen Zivilisation.

Es handelt sich selbstverständlich um keine echte Abbildung, da unsere Leser sonst den Verstand verlieren könnten. Der wahre Erdbeerbär wird von seinen Kultisten wohl gehütet.

Die Legende besagt nun, dass man beim Anblick dieses Bären wahnsinnig vor Liebe werden konnte. Der Bär stand bei den Fragariern für das Tier der Liebe, da sie beobachteten, wie liebevoll die Bärenmütter ihre Kinder großzogen. Dadurch, dass die Bären Synonyme für die Liebe darstellten, bedeutete eine längere Auseinandersetzung mit diesen einen Zustand allumfassender Liebe zu erreichen, den jedoch kaum einer der Anhänger auf Dauer durchhalten konnte und in den meisten Konfrontationen zwischen Bären und Menschen zum Tod führte.

Die Durchführung des Rituals orientiert sich an den alten Zeremonien des so genannten Rosentempels in der Nähe von Ontario. Benötigt wird hierfür ein Fetisch in Form eines Bären. Wenn dieser nicht von sich aus nach Erdbeeren riecht, ist ein zusätzliches Duftöl von Nöten, welches auf den Bären gegeben wird. Nun braucht man nur noch eine Box, ein Tuch oder ein Schal, welches den Erdbeerbären während und nach dem Ritual verhüllt, um vorzeitigen Wahnsinn vorzubeugen.

Alle Teilnehmer stellen sich um den verhüllten Erdbeerbären im Kreis und strecken einmal die Arme nach außen um zu sehen, ob sie für die kommende Bannung genügend Platz haben, um nicht mit dem Nachbarn zusammen zu stoßen. Nun führen alle Teilnehmer die IAO-Formel[2] durch und sprechen anschließend den Willenssatz: *Es ist unser Wille Liebe in der Welt zu verbreiten!*

Jeder Teilnehmer ruft sich nun etwas in sein Bewusstsein, das er mit dem Wort „Liebe" verbindet. Dies kann eine Vorstellung von etwas sein, eine Erinnerung an eine Situation, eine Person oder Tier, ein Symbol, ein Bild, ein Gedicht, etc. sein. Die Möglichkeiten sind schier unendlich. Hat man dies entsprechend für sich ins Bewusstsein gerufen, verstärkt man dies solange, bis man selbst ganz von Liebe erfüllt ist. Wenn es sich um eine Situation oder eine Erinnerung handelt sollte versucht werden, diese in einem Standbild festzuhalten und

---

[2] Siehe „Chaosmagische Bannungen"

das Gefühl der Liebe immer weiter in sich verstärken.

Sobald alle vollkommen von Liebe erfüllt sind, beginnen die Teilnehmer sich im Uhrzeigersinn um den Erdbeerbären zu bewegen und auf diesen ihr Symbol, eine Person, das Standbild, etc. zu projizieren und den Erdbeerbären dadurch zu laden. Wer möchte kann auch rote (die Farbe der Liebe) oder grüne (Farbe der Venus) Energie in den Bärenprojizieren. Der/Die RitualleiterIn klingt sich ab diesem Moment aus der Umkreisung aus, bündelt den entstehenden Kraftkegel und gibt die so verdichtete Energie zum Ende in den Erdbeerbären hinein.

Die Teilnehmer bewegen sich immer näher im Kreis um den Bären und sobald die verdichtete Energie in den Bären gegeben wurde, fassen sie sich für einen Moment an den Händen und spüren in sich und die Liebe hinein. Ein Teilnehmer nimmt daraufhin den Erdbeerbären, enthüllt ihn und reicht ihn mit gesenktem Blick an seinen linken Nachbarn weiter.

Dieser nimmt ihn dankend an, atmet den Duft der Liebe ein und reicht ihn ebenso weiter. Hat der Erdbeerbär alle Teilnehmer einmal erreicht wird er wieder verhüllt und alle Teilnehmer finden sich auf einer Seite vor dem Erdbeerbären ein.

Nun beginnt das so genannte SHÄGRÖPH[3] und das Ritual ist beendet.

Die einzelnen Punkte in diesem Ritual haben durchaus eine bestimmte Bedeutung. Ein gewisser diskordischer Touch ist sicherlich nicht zu verleugnen, doch sind alle Durchführungsschritte mit einem ernsten Hintergrund verfasst worden. Die Bannung zu Beginn erzeug eine psychische Bannung und Klärung von dem Ritual abträglichen Gedanken. Die Teilnehmer treten über in einen magischen Raum und fokussieren sich auf die nun folgende magische Ar-

---

[3] SHÄGRÖPH ist ein barbarisches Wort und bedeutet so viel wie „warme wuschelige Umarmung" und steht in diesem Fall für „Gruppenkuscheln".

beit. Der Willenssatz ist zugegeben nicht so spezifiziert ausgearbeitet, wie es normalerweise der Fall ist. Dies hat den Hintergrund, da alle Projektionen der Teilnehmer in den Erdbeerbären völlig unterschiedlichen Ursprungs sind, genau wie das Gefühl und die Definition von „Liebe" jedes einzelnen anders aussieht, steht ein möglichst facettenreiches Ziel im Vordergrund. Dieses lässt sich nur durch einen allgemeinen Willenssatz für alle verfolgen. Anschließend erfolgt eine Invokation der Liebe durch die Teilnehmer. Diese wird im nächsten Schritt nach außen getragen und in den Erdbeerbären geleitet, welcher hierdurch geladen wird. Während der Kreisbewegung wird, wie schon oben erwähnt, ein so genannter Kraftkegel erzeugt, wie manche

es vielleicht aus dem Wicca kennen. In diesem verdichtet sich die von den Teilnehmern abstrahlende Energie und wird durch einen Teilnehmer gebündelt und in den Bären geleitet, was das Energieniveau des Fetisches noch einmal deutlich erhöht. Das Herumreichen am gen Ende ist wie die Verteilung eines Sakramentes zu betrachten, nur wird in diesem Falle weder gegessen noch getrunken, sondern lediglich gerochen. Das SHÄGRÖPH am Schluss hat auch einen Grund: Es passt einfach verdammt gut am Ende dieses Rituals! Gerne darf auch im Anschluss eine Bannung durch Lachen aller Teilnehmer angefügt werden.

XAX
Frater Benu 108

Anmerkung der Redaktion:
Auch wenn es sehr scherzhaft verpackt ist, kann dieses Ritual durchaus sinnvoll sein. Für Anfänger und für Fortgeschrittene, die sich bereits in Gedankenkontrolle und Gedankenleere, so wie Imagination und Tranceinduktion geübt haben, mit der Eigendynamik die ein Ritual entwickeln kann aber noch nicht vertraut sind. In diesem Ritual ist es also wichtig sich auf die vom Erdbeerbären ausgestrahlte Liebe einzulassen, ohne von ihr übermannt zu werden.

Ein Lied für die Toten

Es geht hier nun um eine schamanisch-nekromantische Arbeit. Das Wort "Nekromantie" setzt sich aus den altgriechischen Wörtern "nekros" (Leiche) und "mantis" (Weissager) zusammen. Ziel des Rituals ist die Auseinandersetzung mit den Geistern verstorbener Menschen, um ein Gefühl der Verbundenheit, wie es vmtl. unsere Ahnen kannten, wiederzugewinnen. Die einführende Absicht liegt in der Ausdehnung der sphärischen Wahrnehmung zu den Ebenen der Toten, man könnte auch sagen, dem Wandel von dieser zur Schattenwelt.

Durchführung: Dazu bilden die Teilnehmer einen Kreis, welcher nun für die Dauer des gesamten Rituals nicht mehr verlassen werden sollte. Der Ritualleiter wird dann die Trommel schlagen und das einführende Mantra singen.

„...Beyond the Seen and the Seer and the Sight which Sees, into unmodified state reclaimed... Aum)))... Aum)))..."

Nach einer Weile legen sich alle Teilnehmer des Rituals mit geschlossenen Augen in das Savasana, die Todesstellung, immer noch gemeinsam einen Kreis bildend mit dem Kopf nach außen. Sie riechen und fühlen die Erde unter sich, die sie umgebenden Gräser und die Luft, die kalt und zart ihre Haut streift. Anschließend beginnt der Ritualleiter mit dem Gesang des Mantras, welches die Toten einlädt und in welches sodann alle teilnehmenden Personen einstimmen.

Selé Kupon

Selé Kupon

Faré Térejam Ba

Faré Térejam Ba

Es handelt sich dabei um ein aus dem kreativen Chaos gechanneltes Mantra zur Totenbeschwörung. Kommuniziert wird allerdings eher durch das Gefühl, welches die Worte in der Seele induzieren. Die Bedeutung dieser Worte lässt sich schwer in unsere Sprache transkribieren. Man könnte es vllt. wie folgt übersetzen:

Geister kommt her!

Geister kommt her!

Freundschaftlich in unsere Mitte ihr Seelen der Toten.

Freundschaftlich in unsere Mitte ihr Seelen der Toten.

Nach einer Weile hört der Ritualleiter auf. Die Teilnehmer werden sodann still, öffnen ihre Augen, während sie tief einatmen und lassen daraufhin mit einem tiefen, kehligen Ausatmen ihren Körper los und ihren Geist frei. Als reines Wesen öffnen sie sich nun ganz den Einflüssen der sie inzwischen umgebenden Geister...

Wer sich nicht ausgeglichen und in einem ausreichend harmonischen Zustand befindet, den bitte ich die Teilnahme am Ritual zu unterlassen. Es handelt sich um eine Arbeit mit, im buchstäblichen Sinne, unvorhersagbarer Wirkung. Es werden die Geister verstorbener Menschen in die Nähe gelockt, während sich die Teilnehmer freundschaftlich für sie öffnen. Es besteht dabei die Möglichkeit die Toten zu hören,

zu sehen, zu riechen oder sogar körperlich wahrzunehmen. Bitte fühlt euch nicht geängstigt oder verwirrt wenn ihr euch berührt fühlt oder fremde Stimmen wahrnehmt.

Es gilt das verloren gegangene Verständnis unserer Ahnen wiederzuerhalten, dass diese Wesen, ebenso wie wir, ein selbstverständlicher Teil der Natur sind. Angezogen werden oft Menschen zu denen wir eine bestimmte Form der Resonanz besitzen, wie z.B. eine gemeinsame Sprache, bestimmte Gefühle oder Erinnerungen. Aber wenigstens genauso oft auch vollkommen fremde Geister, die gerade unseren Ruf vernommen haben. Räumliche, sowie zeitliche Begrenzungen sind auf dieser Ebene nicht von Bedeutung.

Es ist möglich, dass die Geister versuchen den Teilnehmer psychisch zu verwirren oder physisch ihren Spaß mit ihm zu treiben. Für viele ist alles ein Spiel und Geister haben in den meisten Fällen einen ausgesprochen düsteren Humor...

Ihr Verhalten wird (ähnlich wie zu Lebzeiten) vom Gemütszustand anderer, in diesem Falle dem der Teilnehmer, beeinflusst. Da das Bewusstsein sich während der Arbeit auf einer sehr subtilen Ebene befindet, herrscht zwischen allen eine verstärkte Form telepathischer Korrelation, also der gegenseitigen Einwirkung.

Die Geister der Toten sind, im Vergleich zu den unseren, im Normalfall nur ein schwacher Hauch, formbar, so wie wir, wenn wir uns so etwas wie Angst ihnen gegenüber hingeben sollten.

Sind die Teilnehmer nervös, werden es die Geister auch sein. Sind die Teilnehmer aggressiv, wird sich auch diese Emotion entsprechend auf die Geister auswirken. Sind die Lebenden hingegen ruhig, aufgeschlossen und bestärkt in ihrer Absicht zur Kommunikation, werden, so hoffentlich,

auch die Toten eine gewisse Form von produktiver Ernsthaftigkeit an den Tag legen.

Die Seelen der Toten reagieren mit denen der Teilnehmer. Solltet ihr euch während des Rituals so fürchten dass ihr leidet, konzentriert euch einfach mit all eurer Willenskraft auf die schönsten Dinge, die ihr euch vorstellen könnt. Schafft ihr das, so werden „die Dämonen zu Engeln". Bitte betrachtet dies aber als eine Art "Emergency-Exit-Door", da eine saturnische Grundhaltung diesem Ritual vmtl. eher zuträglich ist. Und irgendwann ist es ja auch vorbei... ;)

Die Toten verhalten sich zu den Lebenden wie eine leichte Brise. Die meisten nehmen sie nicht wahr. Andere spüren sie hin und wieder. Die Geister normaler Verstorbener haben nicht so etwas wie das, was wir Bewusstsein nennen. Dennoch sind sie nicht einfach nur leer.

Die Geister der Verstorbenen sind eine Art Echo, ein Bündel von persönlichen Informationen im Äther, welche, mit uns ver-

bunden, jedoch vollkommen handlungsfähig sind.

Sie gehören zur Natur und zu unserer Welt wie jede Pflanze und jeder Stein. Die Verstorbenen sind auf einer Ebene mit den Lebenden und den Ungeborenen. Ab einem bestimmten Grad der Wahrnehmung sind Zeit und Raum nichts weiter als eine dünne Membran und leicht zu durchbrechen.

Das ist die Sphäre, aus der heraus wir divinieren und in der alles miteinander verbunden ist. Und das ist die Bewusstseins-Sphäre, für die wir unseren Geist in diesem Ritual sensibilisieren wollen...

Das Ritual wird von allein auslaufen. Wer fertig ist setzt sich einfach still hin, verlässt den Kreis jedoch weiterhin nicht, bis alle fertig sind. Bannungen sollten, wenn überhaupt, erst durchgeführt werden, sobald alle Teilnehmer sitzen und der Ritualleiter das Ritual für beendet erklärt hat.

XAX
Frater Somhal 312

Faust und der Erdgeist

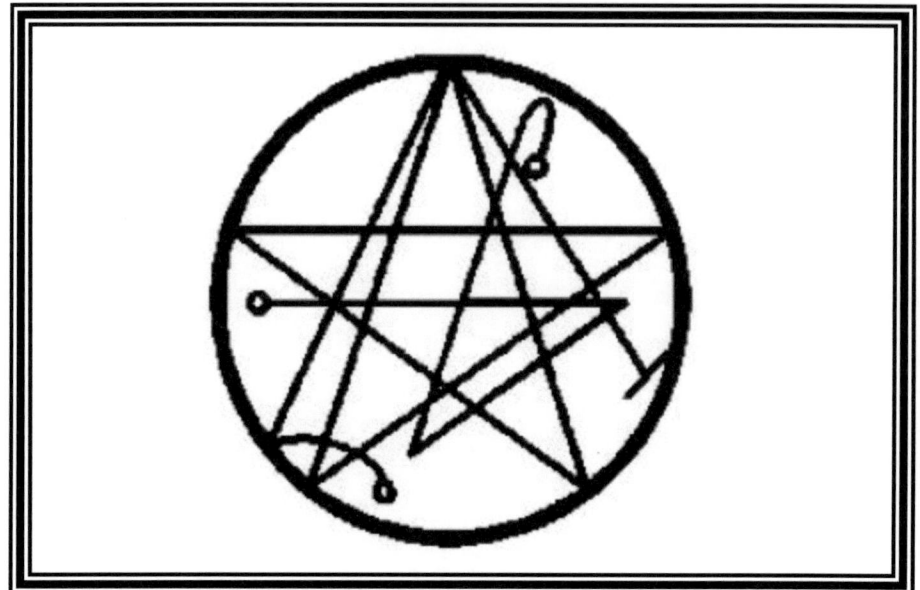

Necronomicon-Teil 1 Selbstweihe in die Welt der Großen Alten

Selbstweihe... Dieses Wort allein lässt schon ein wenig spekulieren, was einem in der folgenden Arbeit alles erwarten kann. Spalten wir daher dieses Wort in seine Bestandteile: Selbst-Weihe

SELBST ist der Magier, wobei ich die weibliche Fraktion natürlich nicht diskriminieren möchte, ich bleibe lediglich zur Vereinfachung bei der maskulinen Schreibweise. Man möge mir diese bewusste Missachtung des AGG verzeihen. Der Magier ist in allem was er tut selbst für sich verantwortlich und niemand kann ihn in seiner Weiterentwicklung weiter nach Vorn bringen, wenn er selbst weder bereit ist, noch hinter dem steht was er tut. Er übernimmt allein die Verantwortung und niemand anderes kann er für sein Tun beschuldigen. Falls dir die folgende Arbeit aber sehr gut gefällt und sie dich weiterbringen konnte, darfst du

mir aber trotzdem gerne danken.

In dieser Arbeit geht es darum, dass du selbst das Ritual durchführst und dich selbst in den dunklen Kraftstrom der Großen Alten eingliederst. Wisse, dass du dich allein vor den Großen Alten wiederfinden wirst. Dort kann dir im Fall der Fälle auch niemand helfen, außer Du dir selbst.

> ...jeden Schwarzmond auf einem einsamen Berg, Anrufungen murmelnd...

Wenn man sich einer Wesenheit WEIHT versteht man meistens darunter, dass man sich dieser untergeordnet verschreibt. Dies ist eine Variante, der ich aus persönlicher Sicht nie folgen könnte. Andere verstehen unter einer Weihe den Weg einer Wesenheit mitzugehen. In diesem Fall ist man häufig an bestimmte Verhaltensweisen, Ritualtechniken oder gar Ansichten gebunden.

Bei der folgenden Weihe jedoch geschieht nichts von alledem. Eigentlich ist das Wort „Weihe" auch nicht ganz richtig gewählt. Zum einen jedoch bezeichnet

es schon einen Schritt in einen dunklen Kraftstrom, mit dem man so eher selten in Berührung kommt. Zum anderen mag ich mystifizierte Begriffe lieber und ich denke, so bekommt das Ritual noch einen ehrwürdigeren Unterton. Im Laufe des Rituals werden Tore geöffnet werden, durch die die Energie der Großen Alten in den Tempel gelangen werden. Der Magier wird sich im Verlauf mit diesen Energien verbinden und ein Siegel erhalten, mit dem er jederzeit auf den bereits erwähnten Kraftstrom zugreifen kann.

Die Weihe verpflichtet niemanden dazu anschließend eine abendliche Cthulhu-Meditation durchzuführen oder jeden Schwarzmond auf einem einsamen Berg, Anrufungen murmelnd, zu verbringen, wobei ich all dies persönlich für gar keine schlechte Idee halte. Aber jeder wie er es mag. Durch die folgende Arbeit besteht grundsätzlich auch erst einmal die Möglichkeit, sich näher mit den Energien dieser Kräfte auseinanderzusetzen. Ich kenne Personen, die nehmen Reißaus wenn es heißt, dass eine

necronomische Arbeit mit den Großen Alten ansteht. Nicht weil sie es gruselig finden, sondern weil sie die Energie als unangenehm empfinden. Viele beschreiben sie als schwer, kalt oder „schlammig". Auch möchte ich nicht verleugnen, dass eine meiner Schwestern nach einem Sabbat der Shub Niggurath auf einem Imbolc-Treffen nach einer erfolgreichen Invokationen Probleme hatte, sich nicht zu übergeben, was gewiss nicht mit ihren Fähigkeiten zusammenhängt, eher im Gegenteil.

Aber auch hier gilt: „Zaubern geht über Studieren", da muss jeder seine eigenen Erfahrungen machen. Für das Ritual selbst sind ein paar Vorbereitungen notwendig, wenn man dies wünscht. Nichts des Folgenden oder des Rituals selbst ist Pflicht, alles ist ein Vorschlag von mir und ob du genauso vorgehst und die gleichen Dinge benutzt wie ich, ist allein dir überlass

Ritualablauf:

Um deine Gedanken zu ordnen und dich auf die folgende Arbeit vorzubereiten, führe eine Bannung deiner Wahl durch. Dies kann z.B. die IAO-Formel sein. Entkleide dich anschließend vollständige und begebe dich vor den Altar. Dieser, sowie der Raum, sollte schwarz gehalten sein, vielleicht mit Knochen und Figuren/Bildern der Großen Alten. Auf diesem platziere zwei schwarze Kerzen, die das Siegel umschließen. Horche einen Moment in dich hinein und spüre die Stille.

Lege nun etwas von dem vorbereiteten Weihrauch auf die durchgeglühten Kohlen und schreite die Himmelsrichtungen beginnend im Norden ab. Intoniere dabei folgende Worte:

* Norden: ZIJMUORSOBET, NOJIM, ZAVAXO!

* Osten: QUEHAIJ, ABAWO, NOQUETONAIJI!

* Süden: OASAIJ, WURAM, THEFOTOSON!

* Westen: ZIRONOJAIFWETHO, MUGETHOR, MUGELTHOR-YZXE![4]

---

[4] Diese Formel stammt aus dem Liber Logaeth und dient eigentlich

Begebe dich wieder vor den Altar und führe das Kreuz der Großen Alten[5] durch.

Berühre dadurch deine Stirn und intoniere: *CTHULHU*

Berühre den Solarplexus und intoniere: *AZABUA*

Berühre deine linke Schulter und intoniere: *NINNGHIZIDA*

Berühre deine rechte Schulter und intoniere: *IAK SAKKAK*

Kreuze die Arme vor der Brust und rufe: *IA MASCHMASCHTI! KAKAMUH SELAH!*

Öffne nun das Tor zu den Sternen und den Großen Alten.[6]

Nehme deinen Stab oder dein Schwert und ziehe einen Torbogen von der linken Seite des Altars zur rechten und spreche:

Ich öffne das Tor zu den Sternen.

---

zur Herstellung des Weihrauchs von Zkauba, jedoch habe ich die Erfahrung gemacht, dass diese Formel sich auch hierzu wunderbar eignet.

[5] Von Frater Nocron 898

[6] Nach einer Idee von Frater Nocron 898

Ich öffne das Tor zu den Großen Alten.

Ziehe nun einen Torbogen von rechts nach links während du sprichst:

Ich öffne das Tor zu der Finsternis.

Ich öffne das Tor zu den Großen Alten.

Visualisiere wie sich ein schwarzes Tor auf dem Altar bildet.

Hört mich, ich rufe Euch ihr Großen Alten!
In dieser Nacht zu dieser Stunde will ich mich Euch ergeben!
Weiht mich ein in die Finsternis,
Zeigt mir die Orte jenseits des Schleiers,
Von den versunkenen Hallen R'lyes,
Über die Ödnis Kadath, hinauf zu den Sternen,
Bis in die Tiefen des Universums wo das Chaos regiert.
Möget Ihr mir beistehen und mich einweihen
In die Welt von Chaos und Finsternis!
Gewährt mir Einblicke in Euer Reich
Und mit Eurer Macht werde ich Dinge vollbringen

Die in Eurem Namen geschehen werden sollen!
Denn heute Nacht werden die Sterne richtig stehen!
Ich nehme Euer Flüstern aus allen Winkeln Eurer Dimensionen wahr!

Spüre wie Dunkelheit den Raum umschließt und ein Flüstern den Raum erfüllt.

Halte deine Hände über eine Schalte mit dem Wasser, indem du ein wenig Meersalz aufgelöst hast und spreche:

Hier stehe ich vor Euch, nackt und hilflos.
Ich reinige mich nun Euch zu Ehren.
Mögen die Wasser der Tiamat meinen Körper befreien
Von all dem Schmutz menschlicher Existenz.

Benetze nun deine Haut mit dem Wasser.

Anrufung an die vier Winddämonen

LEPACA KLIFFOTH!

Im Namen Pazuzus, des Herrn der Dämonen der Luft, rufe ich Euch:
Geister der vier Himmelsrichtungen!
Erhört meinen Ruf und kommt herbei!

<u>Nach Osten gewandt:</u>

<u>Nach Norden gewandt:</u>

Ich rufe Dich, Ustur! Herr des Nordwindes!
Ich rufe Dich, der Du über das Zeichen Wassermann und den Monat Shabatur herrschst!
Komm zu mir, Wanderer auf dem Pfad der Alten!
Flüstere mir die vergessenen Geheimnisse der Dunkelheit zu, denen ich mich gewidmet habe!

Stelle dir vor, wie eine dunkle Gestalt, die einer menschlichen Figur ähnelt, den Tempel durch das nördliche Tor betritt.

Ich rufe Dich, Sed! Herr der Ostwinde!

Ich rufe Dich, der Du über das Zeichen Stier und den Monat Airu herrschst!
Komme zu mir, Gefolgsmann des Drachen!
Enthülle mir die alte Weisheit, deren Zeuge Du gewesen bist

und die Du seit den dunkelsten Zeiten gehütet hast!

Stelle dir vor, dass eine Gestalt, die einem Bullen mit einem menschlichen Gesicht ähnelt, den Tempel durch das östliche Tor betritt.

Nach Süden gewandt:

Ich rufe Dich, Lamas! Herr des Südwindes!
Ich rufe Dich, der Du über das Zeichen Löwe und den Monat Abu herrschst!
Komm zu mir, Priester der vergessenen Gottheiten!

Erleuchte die Dunkelheit mit Deinem Feuer
und lass uns die dort versteckten Schätze finden!

Stelle dir vor, dass eine Gestalt mit einem menschlichen Gesicht und dem Körper eines Löwen den Tempel durch das südliche Tor betritt.

Nach Westen gewandt:

Ich rufe Dich, Nattig! Herr der Westwinde!
Ich rufe Dich, der Du über das Zeichen Skorpion und den Monat Arahshamma herrschst!
Komm zu mir, Teilnehmer an den alten Riten!
Führe mich zu den Wassern der Tiamat und des Absu,

aus denen das gesamte Universum hervorging!

Stelle dir vor, dass eine Gestalt, die einem Mensch mit dem Gesicht, den Flügeln und den Krallen eines Adlers ähnelt, den

Tempel durch das westliche Tor betritt.

Kommt herbei, Ihr Herrn der Winde!

Ich rufe Euch herbei von Euren Wohnorten – von Nuzko über Uru!

Von den Räumen zwischen der Sonne und dem Mond,
dem Tag und der Nacht,
dem Licht und der Dunkelheit.
Durch die Kraft von IGIGI!
Kommt zu mir!

KIA! ANNA! AG! BADUR!

Bei der Macht des Zeichens von Voor und im Namen des Großen Roten Drachen!

(Mache das Voor-Zeichen)

(Anm. v. Frau. Benu: der „Satansgruß" mit angewinkeltem Daumen)

HO DRAKON HO MEGAS!

Konzentriere dich auf die elementaren Kräfte, die dich umgeben. Fühle den Atem der vier Winde um dich, spüre den Fluss zu den Dimensionen der vier Tore. Lege etwas Schwefel auf die Kohle. Sprich:

Die Alten waren, die Alten sind und die Alten werden sein.

Groß ist ihre Gnade gegenüber denen, die ihnen dienen,
doch noch größer Bosheit gegenüber ihren Feinden.
Sie wandeln auf der Erde wenn die Mauern zwischen Welten schwächen
und die Tore von Yog-Sothoth weit aufschwingen.
Sie wandeln im Zwielicht und im Morgennebel bevor die Sonne aufgeht.
Sie wandeln wenn der Mond und die Sonne ihren Wege
auf dem Drachenkopf und auf dem Drachenschwanz kreuzen.
Der Boden erzittert von dem Kampf fernem Donnern und die Luft ist scharf von dem Geruch brennenden Schwefels.

Visualisiere wie sich um dich herum Dunkelheit manifestiert. Lösche jetzt möglichst alle Kerzen bis auf eine schwarze Kerze:

Anrufung an Nyarlathotep:

*Dich, den schwarzen Pharao
rufe ich an,
Nyarlathotep, verlasse deine
Heimat und komme zu mir!
Du bist das schleichende Chaos, Botschafter der Alten.
Du bist der Herr des Sabbats
und des Merkurs dunkler Strahl.
Dein Platz ist nicht zwischen
den Räumen,
denn du wandelst auf Erden.
So wandle nun auch fortan bei
mir und führe mich durch
die dunkle Nacht der Ewigkeit.
Iä Iä Nyarlathotep!
Ygnaiih ! Ygnaiih !
EEE-ya-ya-ya-
yahaaaaahaaaaahaaa-
ah-ah-ah-ahngh-ahngh-
ya-ya-yahaaaa!
Mächtiger Bote, Nyarlathothep.
Von der Welt der sieben Sonnen zu diesem Punkt der Erde,
an dem er einkehrt, er den man
nicht beim Namen nennt,
im Überfluss sollen jene sein
die der schwarzen Ziege der
Wälder angehören,
der Ziege mit den tausend Jungen.
Iä Iä Shub-Niggurath!
Ygnaihh....EEE-yaa-yaa-haa-
haa-haaaaaa!
Ithaqua soll dir dienen, Vater
der millionen Auserwählten und
Zhar soll von Arktur herbeigerufen werden durch den Befehl
von Umr at-tawil,
dem Hüter der Pforte.
ihr sollt euch vereinen zu
Azathots Lob,
zum Lobe des großen Cthulhu
und Tsathogguas!
Ygnaiih! Ybthnk...h´ehyen´grkdl´lh! Iä Iä Iä!*

Anrufung an Yog-Sothoth

*Oh Yog-Sothoth, ich rufe dich
an!
Vergangenheit, Gegenwart und
Zukunft, alles vereint sich in
dir!
Du kennst das Tor, du bist das
Tor!
Yog-Sothoth öffne den Strom
des dunklen Chaos und lass dir
Stimmen der Großen Alten wiederhallen bei jedem Schritt, den
ich tiefer in die Dunkelheit hinab gehe.
Iä Iä Yog-Sothoth!*

Visualisiere wie bunte Lichter um dich herum erscheinen und ein schwarzer Nebel beginnt deine Füße zu umfließen

Erhebe den Kelch:

Hört mich Ihr Großen Alten!
Ich rufe Euch durch das Tor!
In diesem Kelch ist mein Blut,
Geopfert für Euch!
Nehmt dieses Opfer an und kommt zu mir!

Spüre nun wie dein Körper von „sphärischen" Nebelschwaden, Tentakeln und unwirklich anfühlenden Dingen umschlossen wird. Dies sind die Großen Alten die dich nun einweihen werden. Entspanne dich und lasse den Großen Alten freie Hand in ihrem Tun. Gebe dich ganz dieser Erfahrung hin bis die Weihe erfolgt ist.

Anschließend erhebe den Kelch und sprich:

Ich danke Euch ihr alten Götter.
Ihr nahmt mir mein Blut und gabt mir die Finsternis.
Mögen Eure Namen auf ewig in den dunklen Tempeln Eurer Jünger wiederhallen!
Möge Eure Macht unter den Menschen, die euch keine Treue schwören,

Angst und Qualen hervorrufen.
Mögen sich Eure dunklen Schatten ausbreiten über die Erde und jeden verhüllen,
Der sich euch in den Weg zu stellen mag.

Trink von dem Wein und spüre wie sich die Dunkelheit in deinem Körper ausbreitet.

Ich danke Euch für Eure Anwesenheit.
Doch nun kehrt zurück zu Euren Wohnorten der Nacht
Denn schon bald werden die Sterne nicht mehr richtig stehen.
Kehrt zurück durch das Tor zu Euren Wohnorten
Und lasst Eure donnernden Stimmen erschallen
Wenn ich erneut nach Euch rufe.

Schließe nun das Tor zu den Sternen und den Großen Alten. Nimm deinen Stab oder dein Schwert und ziehe einen Torbogen von der rechten Seite des Altars zur linken und sprich:

Ich schließe das Tor zu den Sternen.

Ich schließe das Tor zu den Großen Alten.

Ziehe nun einen Torbogen von links nach rechts während du sprichst:

Ich schließe das Tor zu der Finsternis.

Ich schließe das Tor zu den Großen Alten.

Führe nun eine Bannung deiner Wahl vor. Ich präferiere die Photonenbannung. Hierzu stelle dich direkt mit Blickrichtung zu einer hellen, weiße Glühlampe. Schalt das Licht ein und blicke direkt in den Lichtstrahl. Diese Banntechnik hat auch schon als Exorzismustechnik mit einer starken Taschenlampe gute Dienste geleistet. Wahlweise kann und sollte in manchen Fällen sicherlich auch eine energetische Bannung nach Wahl durchgeführt werden.

„Es gibt drei Sorten von Menschen und sie sind unterschiedlich in ihrem Wert. Die Priester, wie du, handeln in unserem Namen und vollbringen unsere Werke. Jedoch hast du die Wahl frei und selbst zu entscheiden. Dann gibt es die, die blind den Anweisungen der Priester Folge leisten. Mache sie dir untertan und lasse sie dir dienen. Denn sie besitzen nicht den freien Willen. Und dann gibt es noch die, die uns verachten, die nicht an uns glauben oder uns verleugnen. Sie sind noch schlimmer als die Mitläufer. Sie besitzen keinen Wert. Doch sie werden noch unsere Macht zu spüren bekommen."

- Nyarlathotep –

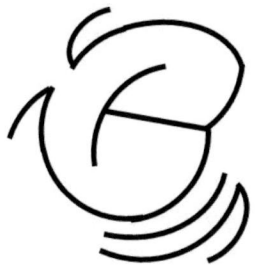

(gechanneltes Siegel zum Kraftstrom der Großen Alten)

Kurzübersicht der Großen Alten

Hier folgen nun einige Kurzbeschreibungen der größten Großen Alten. Diese werden in den folgenden Ausgaben noch näher beleuchtet, sowie durch praktische Arbeiten anschaulicher präsentiert werden.

AZATHOTH

...gilt als der blinde Idiotengott und als Sultan der Dämonen. Sein Sitz ist der Mittelpunkt des Universums, das Zentrum der Unendlichkeit/Leere. Eine Darstellung ist schwer. Oft wird er als immer wiederkehrende Explosion beschrieben, die jedoch eigentlich eine fortlaufende Implosion ist. Manche sagen von ihm, er wäre umgeben von tanzenden Flötenspielern, die ebenso blind sind wie er. Andere sagen, dass er selbst eine Flöte spielt

BOKRUG

Er ist bekannt als eine grüne Figur die einem Waran ähnelt.

CHAUGNAR FAUGN

Als der „Schrecken von den Hügeln" ist er ein Wesen mit einer Art Elefantenkopf mit tentakelbewachsenen Ohren. Seine Hände sind Menschlich und einen aufgeblähten Bauch. Er lebt fast regungslos in einer Höhle in Asien, wo er von den Tcho Tcho angebetet und bewacht wird.

CTHUGHA

Er ist der Herr der Flammen und hat die Form eines riesigen Feuerballs. Viele stellen ihn mit Fthugghua gleich, dem Herrn der Feuervampire. Cthugha lebt auf dem Stern Fomalhaut. Sein Erzfeind ist Nyarlathotep und er beherrscht es in Sekundenbruchteilen jede Entfernung zu überwinden. Erwähnung findet er in dem Roman von August Derleth „Der Bewohner der Dunkelheit".

CTHULHU

Manche Quellen bezeichnen ihn nicht direkt als einen der Großen Alten, sondern vielmehr als ihr Führer oder Streiter im Kampf gegen die Älteren Götter. Er ist wohl die bekannteste Figur aus Lovecrafts Werken. Sein Kopf erinnert an einen Oktopoden und ist voller Tentakel, der Körper ist stämmig, er besitzt Krallen an Händen und Füßen und seinem Rücken entspringen zwei Flügel. Die Legende besagt, dass er auf der Insel R'lyeh lebte, bis die eines Tages im Krieg gegen die Älteren Götter versenkt wurde, welche auch einen Bann aussprachen, die ihn und sein Gefolge auf dem Grund des Meeres gefangen halten. Und hier gibt es ein interessantes Rätsel. Denn ein Vers über ihn lautet: *That is not dead which can eternal lie and with strange aeons, even death may die.* Übersetzt ins deutsche also: *Es ist nicht tot, was ewig zu liegen vermag, und in fremder Zeit mag selbst der Tod sterben.* Jedoch kann das englische *lie* übersetzt sowohl *liegen* als auch *lügen* bedeuten. Eines Tages, wenn die Sterne richtig stehen, dann soll der Bann gebrochen sein, der Cthulhu im inneren seiner schwarzen Zitadelle gefangen hält und R'lyeh wird sich aus dem Meer erheben und auch die Alten werden zurückkehren auf die Erde.

Fast unaussprechlich, dafür aber sehr bekannt, ist auch eine seiner Anrufungsformeln: *Ph'nglui mglw'nafh Cthulhu R'lyeh wgah'nagl fhtagn!* (übersetzt: In seinem Haus in R'lyeh wartet träumend der tote Cthulhu). Von seinen Anhängern ist bekannt, dass diese in wilder Ekstase tanzend *„Iä Iä! Cthulhu fhtagn!"* sich Ihrer Gottheit hingeben. Sehr mysteriös fand ich, als ich während eines Festivals auf die nervigen „Helga-Rufer" mit einem anständigen „Iä Iä!" antwortete, von allen Seiten ein „Cthulhu fhtagn!" zurück kam. Ich habe zwar noch nicht das aktuelle Tageshoroskop gelesen, jedoch habe ich die dunkle Vermutung, dass die Sterne zumindest „günstig" stehen.

DAGON

Ein Fischgott, der in seinem Äußeren häufig ähnlich Cthulhu beschrieben wird. Bei Lovecraft taucht er nur in zwei Geschichten auf, obwohl seine vermutliche Herkunft ein paar Seiten füllen könnte. In *Dagon*, sowie in *Schatten über Innsmouth* wird das Aussehen seiner Brut beschrieben, welche durch die Paarung von Menschen mit ihm, sowie seinen Meeresgeschöpfen. Diese sollen einen charakteristischen Fischgeruch haben, sowie Fischaugen, Kiemen, Schuppen und sonstige Fischzüge, jedoch grundsätzliche von einer eher menschlichen Gestalt.

Um Dagon existiert ein eigener Kult der sich *Esoterische Orden von Dagon* nennt. Dieser Name wurde bereits von unzähligen mehr oder weniger erfolgreichen magischen Gruppen im Necronomicon-Paradigma, sowie auch von vielen Rollenspielern aufgegriffen. Zusammen mit seiner Brut lebt er in der Unterwasserstadt Y'ha-nthlei.

Asenath Mason beschreibt ihn als Vater der Wasserkreaturen als ein Gegenpart zu Shub-Niggurath, der weiblichen Ziege der Wälder.

Nicht nur in der Beschreibung ähnelt Dagon häufig Cthulhu, sondern auch in seinen Eigenschaften und Funktionen. Als Beispiel wird auch über ihn gesagt, dass er durch Träume Kontakt mit seinen Anhängern Kontakt aufnimmt.

GHATANOTHOA

Ghatanothoa regierte vermutlich die „Menschen" des verschollenen Königreiches K'naa, auf dem versunkenen Kontinent Mu. Er hauste auf dem Felsen Yaddith-Gho in seiner Festung. Jedes Jahr wurden ihm zwölf Männer und zwölf Frauen als Opfer dargebracht, damit er seine Feste nicht verließ. Denn sein Antlitz soll so schrecklich sein, dass jeder, der ihn erblickt, sofort „stirbt", wobei sterben nicht ganz das richtige Wort ist: Vielmehr wird man sozusagen bei lebendigem Lei-

be mumifiziert, der Körper erstarrt und nur die Denkfähigkeit bleibt erhalten, sodass man über Äonen hinweg nichts tun kann, als auf Erlösung zu warten.

Der Hohepriester T'yog glaubte, mit einer speziellen Schriftrolle Ghatanothoa erblicken zu können, ohne zu versteinern und trat ihm entgegen, um sein Volk zu befreien. Allerdings stahlen missgünstige Priester die Rolle und ersetzten sie durch eine Fälschung, sodass T'yog versteinert wurde. Diese Legende wird in der Geschichte *Aus Äonen* von H. P. Lovecraft erwähnt.

HASTUR

Wird auch als der „Unaussprechliche" bezeichnet.

Vom Aussehen eher oktopoid ist er eine Gottheit des Windes. Sein Wohnsitz soll der See von Hali in der Stadt Carosa auf einem Planeten in der Nähes des Aldebaran im Sternbild Taurus liegen (die Hyaden). Anderen Quellen zufolge lebt er auf Fomalhaut. Interessant ist, dass Hastur als der Feind von Cthulhu angesehen wird. Innerhalb von praktischen Experimenten hat sich dies jedoch bisher nicht negativ auf Rituale ausgewirkt.

HUMWAWA

In der Uralia-Schrift (das Buch des Wurms im Necronomicon nach Simon) wird er als der Bruder des Pazuzu erwähnt und ist der Herr der Südwinde. Seine Erscheinung soll schon so manchen in den Wahnsinn getrieben haben, denn sein Gesicht besteht aus tier- und menschlichen Eingeweiden und der Atem ist der Gestank von Exkrementen. Jedoch wird er auch als ein Meister der Divination angesehen.

HYPNOS

Der Herr des Schlafes, welcher im Grenzbereich zwischen der Welt der Wachen und der der Träumenden lebt. Er ist von abstoßender Gestalt, die er jedoch zumeist nicht zeigt, da er sich vornehmlich in schöne Gestalten verwandelt. Personen jedoch, die sich in seinem Reich aufhalten, verwandelt er meist in ähnlich abstoßende Gestalten, wie er sie eigentlich besitzt. Er wurde auch in Griechenland als ein schöner Jüngling verehrt

ITHAQUA

Der Windschreiter der Großen Alten ist unter den Ureinwohnern Amerikas auch als Wendigo bekannt. Er lebt in der nördlichen Polarregion und reitet im wahrsten Sinne auf den Winden. Seine Erscheinungsform ist die einer Wolke in Menschenform mit glühenden Augen. Er erscheint nur Nacht in Begleitung eisiger Stürme. Die Menschen, denen er begegnet, nimmt er mit und lässt die übrigen Leichenteile gefroren vom Himmel fallen.

Einen Kult an sich besitzt Ithaqua nicht, jedoch erhält er regelmäßig Opfer zur Besänftigung von Inuit und Sibiriern.

LLOIGOR

Lloigor ist neben Hastur Herrscher über die Winde. Er „reitet" dabei auf den kosmischen Winden von Ort zu Ort. Sein Aussehen ist dabei das von Luftwirbeln, die wie ein Wurmnest aussehen. Lloigor wurde für „unnennbare" Verbrechen in eine andere Existenzebene verbannt und kann nicht ohne Hilfe in unsere Welt vordringen. Beschworen wird er über ein Portal, dass sich auf der Hochebene von Leng befindet. Für die Beschwörung ist außerdem das Rezitieren eines Quellentextes aus dem Necronomicon erforderlich. Wer Lloigor befreit, bekommt Einblicke in die Bibliothek von R'lyeh.

Lloigor werden allerdings auch die überlebenden Einwohner von Atlantis genannt. Sie konnten sich vor dem Untergang retten und leben unentdeckt zwischen den Menschen. Manche Autoren phantastischer Geschichten sind fest der Meinung, dass die Nachfahren der Lloigor heute noch z. B. in den Black Mountains in Wales leben.

NYARLATHOTEP

Er ist der schwarze Pharao, Botschafter des Azathoth, die Stimme der Alten, das schleichende/kriechende Chaos. Er ist der einzige der Großen Alten, der mit den Menschen in direkter Kommunikation steht und unter den Menschen wandelt. Es wird sogar gesagt, dass der Pharao Nephren-Ka einen Kult um ihn aufgebaut habe.

Sein Name selbst mag den Betrachter schon zum nachdenken bringen. Zum einen erinnert die Endsile „hotep" stark an die Namen ägyptischer Pharaonen und als ein solcher wird Nyarlathotep auch beschrieben. William Hamblin versuchte seinen Namen zu entschlüsseln, was ihm in der Form von „Es gibt keinen Frieden am Durchgang" oder auch „Es gibt keinen Frieden am Ort des Gerichtes" gelang.

Mit Nyarlathotep stark in Verbindung steht der leuchtende Trapezoeder, der vor allem in der gleichnamigen Geschichte beschrieben wird, als ein magisches Werkzeug aus Kristall.

In „Träume im Hexenhaus" wird er zudem als Vorsteher des Sabbats beschrieben und nimmt die Position eines Initiators ein. Doch können seine unzähligen Masken, Erscheinungen und Funktionen hier nicht alle erörtert werden. Ich empfehle dem geneigten Leser hierzu das schon benannte Buch von Asenath Mason.

PAZUZU

Zwar nicht direkt zu den Großen Alten gehörend findet er dennoch im Necronomicon Erwähnung und nimmt auf in mancher Hinsicht eine wichtige Bedeutung ein. Er wird dort als Bruder des Humwawa genannt.

Er ist der Überbringer von Krankheiten (Pestdämon) und Zerstörung in Form eines geflügelten Dämons mit faulenden Genitalen. Mehr zur Gestalt Pazuzus findet der interessierte Leser in einschlägigen Quellen.

QUACHIL UTTAUS

Er hat die Form einer geschrumpelten Mumie eines Kindes mit zusammengewachsenen Beinen, weshalb er sich auch nur mit einer Mischung aus Hüpfen und Schweben fortbewegt. Anstelle eines Gesichtes kann man dort nur Falten und Runzeln erkennen. Da alles in seiner Nähe schneller Altert und Dinge, die ihn berühren, nach kurzer Zeit zu Staub zerfallen, liegen seine Hauptattribute in der Verwesung, dem Verfall und dem Tod.

SHUB-NIGGURATH

Sie ist die finstere Mutter, die schwarze Ziege mit den tausend Jungen, Mutter der Dämonen. Sie wird von Lovecraft als wolkenartig oder mir langen schwarzen Tentakeln, kurzen Beinen und Hufen beschrieben. In der Geschichte „Der Hügel" wird sie auch mit Astarte verglichen, einer Kriegs- und Fruchtbarkeitsgöttin. Trieb und Sexualität sind ihre Attribute. Eine sehr gelungene Abhandlung findet sich in dem bereits genannten Buch von Asenath Mason.

Es sei noch erwähnt, dass Shub-Niggurath zusammen mit Nyarlathotep Göttin und Gott in den schwarzen Sabbaten repräsentieren.

TSATHOGGUA

Tsathoggua tritt in Form einer dicken Kröte mit Elefantenbeinen auf und lebt in den Höhlen von N'kai, oberhalb von K'n-Yan.

YIG

Yig ist eine ekstatische Schlangengottheit und wird auch als Herrscher der Schlangen bezeichnet. Er besitzt viele Parallelen hinsichtlich Qualitäten und Eigenschaften wie Leviathan oder Jörmungandr. Es wird gesagt, dass er von einer Schlangenrasse auf Yoth verehrt wurde, bis diese sich einer anderen Gottheit zuwandten.

YOG-SOTHOTH

Vergangenheit, Gegenwart, Zukunft, alles vereint sich in Yog-Sothoth. Er ist zugleich Wächter als auch Schlüssel des Tores durch Zeit und Raum. Sein Aussehen ist schwer zu beschreiben, wobei er häufig als eine Ansammlung bunter Blasen beschrieben wird und es gar nicht mag als Seife bezeichnet zu werden.

10 Tipps im Umgang mit den Großen Alten

1. Bezeichne dich als „Kultist".
2. Cthulhu verträgt sich nicht mit Alkohol.
3. Wenn du bunte Blasen siehst, es muss nicht immer Seife sein.
4. Wenn du etwas über Hastur wissen möchtest, stelle deine Anfrage ausschließlich schriftlich.
5. Solltest du aus irgendwelchen mehr oder weniger vorhandenen Winkeln ein „Yum Yum!" wahrnehmen, lauf!
6. Wesen aus der Tiefe ernähren sich nicht ausschließlich von Fisch.
7. Während einer Cthulhu In- oder Evokation einzuschlafen ist eine blöde Idee.
8. Viele dich umschließende Tentakel während einer Arbeit mit Shub Niggurath sind kein Garant für eine gegenseitig erfüllende Liebschaft.
9. Schreibe und spreche alle Namen und Formeln so lange, bis du sie im Schlaf ohne Probleme richtig(!) aussprechen kannst. Was ist an „Ph'nglui mglw'nafh Cthulhu R'lyeh wgah'nagl fhtagn" eigentlich so schwer?

10. Beschäftige dich mit Astronomie! Wenn die Sterne richtig steh'n, wird dir sonst ein Licht ausgeh'n.

Edition Roter Drache

Fachverlag für okkulte und akademische Literatur

www.roterdrache.org; edition@roterdrache.org

Kenneth Grant
Schattenkulte
304 Seiten, DIN A5,
Hardcover,
25,00 €

Moderne Kulte zur
Wiederbelebung der
geheimen Gnosis der
Sexualmagie, da-
runter Aleister Crow-
ley, Charles Stanfeld
Jones, Austin Osman
Spare sowie Michael
Bertiaux.

Jan Fries
Der Kessel der
Götter
Handbuch der
keltischen Magick
608 S. 17 x 24 cm,
Hardcover
35,00 €

Eine Reise ins Reich
der keltischen Magie
fernab des modernen
Wicca-Kults.
Überarbeitete & erwei-
terte Ausgabe!

Nema
Maat Magick
304 S. 14,8 x 21
~ Gebunden
25,00 €

Unter dem Patr
von Maat entwick
Nema ein fortgese
tenes System - th
mitischer Magick
deutsche Ausgabe
thalt neue Texte
wurde von der Au
erweitert

Frater Eremor
Im Kraftstrom des
Satan-Seth
320 S., zahlreiche Abb.,
DIN A5, Gebunden
25,00 €

Kenneth Grant
Die Nachtseite
von Eden
352 S., zahlreiche Abb.,
DIN A5, Gebunden
28,00 €

Thomas Karlsson
Astralreisen innerhalb
und außerhalb
des Körpers
144 S., DIN A5,
Gebunden
18,00 €

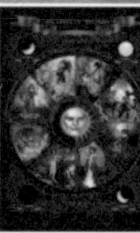

Asenath Mason
Das keltische
Jahreskreis-Poster
DIN A1 (84,1 x 59,4
cm), hochwertiges
Posterpapier
12,00 €

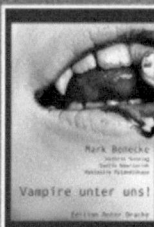

Mark Benecke
Vampire unter uns!
124 Seiten, zahlreiche
s/w- & 8 Farbbilder,
13,5 x 20,0 cm,
Gebunden
12,00 €

Asenath Mason
The Tree of Qlipho
Poster
DIN A1 (84,1 x 59
cm), hochwertiges
Posterpapier
12,00 €

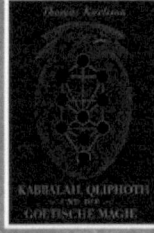

Thomas Karlsson
Kabbalah, Qliphoth
und die
Goetische Magie
208 S., DIN A5,
Broschur
20,00 €

Thomas Lautwein
Hekate
Die dunkle Göttin -
Geschichte & Gegenwart
392 S., 20 Abb.,
DIN A5, Gebunden
28,00 €

Asenath Mason
Das Buch Mephisto
Ein Grimoire des Links-
händigen Pfades der
faustischen Tradition
80 S., 20 Abb.,
DIN A5, Broschur
18,00 €

Frank Lerch
IO ERBETH
Mythos und Magie des
ägyptischen Gottes
Seth, Band 1
224 S., 20 Abb.,
DIN A5, Broschur
18,00 €

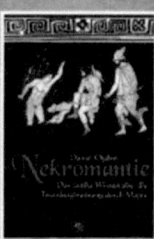

Daniel Ogden
Nekromantie
Das antike Wissen der
Totenbeschwörung
durch Magie
386 S., 16,5 x 24 cm,
Broschur
24,80 €

Asenath Mason
Necronomicon
Gnosis
Eine praktische
Einführung
208 S., DIN A5,
Gebunden
20,00 €

Shekinah – *Schriftenreihe für Schamanismus - Okkultismus - Parapsychologie - Magie*, je Ausgabe 10,00 €

Shekinah 8

Shekinah 7

Shekinah 6

Shekinah 5

Shekinah 4

Shekinah 3

4. Jahrgang   Ausgabe 16

DAMHAIN ALLA

Ausgabe Beltaine

http://damhain-alla.cumhachd.de/

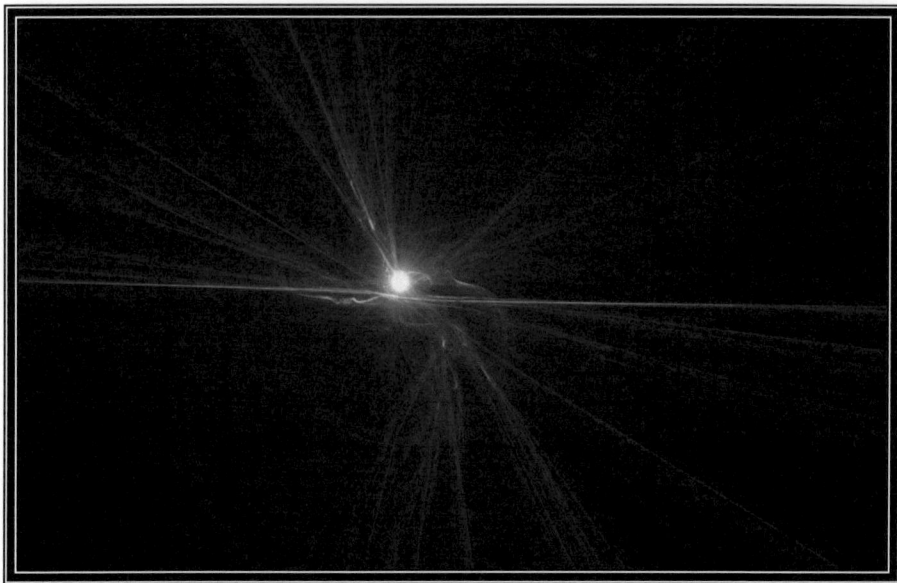

Interview Cumhachd

Danny ist initiiertes Mitglied des Covens Cumhachd und hat sich die Zeit genommen, auf einige unserer Fragen rund um Cumhachd und das Dasein als Wicca zu beantworten.

Dholkey Danny,
zu aller erst Danke für die Zu-sage zum Interview.

Wicca ist ja heutzutage vielen bekannt und es gibt viele Coven die sich dieser Richtung wid-men. Was macht ihr und wer seid ihr? Vor allem, was unter-scheidet euch von anderen Wicca-Coven?

Wir sind eine ziemlich bunt ge-mischte Gruppe von Leuten, die alle die eine Leidenschaft teilen, die sich „Wicca" nennt. Wir praktizieren und leben Wicca. Was uns von anderen Coven unterscheidet ist eine ziemlich komplexe Frage. Ich kann dir darauf keine endgültige Ant-wort geben, da ich natürlich nicht alle Wicca-Coven kenne. Aber vielleicht kann ich dir ein bisschen was von unserer Ein-stellung zu Wicca und zu unse-

ren Brüdern und Schwestern sagen, denn das trifft die Frage sicher am Besten, ohne zu postulieren, dass das die anderen nicht haben. Was ich jedoch definitiv sagen kann ist, dass diese Dinge längst nicht bei allen Wicca-Coven so praktiziert werden: Wir versuchen stets, so nah wie möglich an der „Quelle der Tradition" zu bleiben und praktizieren das Gardnerian Wicca. Dabei waren wir von Anfang an darauf angewiesen selbst auf die Suche zu gehen und gemeinsam Dinge zu ergründen. Da wir keinen Mentor hatten, kamen wir nie in die Verlegenheit, irgendetwas vorbehaltlos zu übernehmen. Von Anfang an mussten wir selbst denken und ich glaube, dass dieser Umstand sehr gut für unsere Entwicklung und unser Selbstverständnis war. Wir nehmen unsere Arbeit sehr ernst und haben ein inniges Verhältnis zueinander, das auf Vertrauen und Liebe basiert. Wir feiern uns und die Götter, wir erforschen den Horizont neuer Wissengebiete ohne unsere Wurzeln zu vergessen und wir geben unser Wissen so gut wir es können weiter. Wir hin-terfragen das was wir wissen, um die Hintergründe zu verstehen und die Wurzeln der Tradition zu erforschen. Ja, ich denke, das macht uns aus.

Seht ihr Wicca als eine Religion, vergleichbar oder sogar in Konkurrenz mit den Weltreligionen?

Nein, keinesfalls steht Wicca mit irgendetwas in Konkurrenz. Wicca ist eine Mysterientradition und demnach, obwohl ich dieses Wort wegen seiner Vorbelastung nicht leiden kann, „esoterisch". Die Weltreligionen sind exoterisch. Darüber hinaus gehen wir nicht davon aus, dass Wicca die allgemeingültige, absolute Wahrheit ist. Dennoch bezeichnen wir Wicca als eine Religion, da es für uns nicht nur ein magisches System ist, sondern ein Zuhause. Aber, es muss klar gesagt werden, dass selbst innerhalb von Wicca diskutiert wird, ob Wicca eine Religion ist. Es gibt nicht wirklich eine Definition von „Religion", nur Interpretationen. Aber wenn eine Religion von einer tiefen Liebe zum Göttlichen und den Mit-

menschen charakterisiert wird, dann ist Wicca ganz sicher eine.

Ist Wicca etwas für Jedermann? Kann jeder ein Wicca werden?

Ich denke nicht, dass Wicca dafür konzipiert wurde, eine Massenreligion zu werden. Dafür ist es doch zu speziell.

Wir nehmen uns nicht das Recht heraus, jemandem Wicca ohne triftigen Grund zu verwehren. Jedoch sind für Wicca bestimmte Charaktereigenschaften, der Wille zu Lernen und die Sehnsucht nach dem Göttlichen unbedingt erforderlich. Ich mache es mir, was das angeht, immer sehr einfach: Wenn ich in die Augen eines Menschen schaue und dort einen warmen Glanz, dieses bestimmte Funkeln, entdecke, eine Sehnsucht nach etwas Unfassbarem, dann ist dieser Mensch meines Erachtens für Wicca geeignet.

Wie ist das Selbstbild eines Wiccas? Was bewegt jemanden dazu sich nicht Magierin, Zauberer oder Hexe, sondern Wicca zu nennen?

Hm... wir nennen uns auch Hexen, Magier und Zauberer (obwohl ich persönlich letzteres immer mit Showbühnen verbinde).

Aber wir sind eben auch Wicca, weil wir uns innerhalb dieser wicca-typischen Strukturen zu Hause fühlen.

Wicca hat einige Merkmale, die andere magische Richtungen nicht unbedingt haben: einen Coven und seine Strukturen, das Grad-System, die Initiationen, spezielle Riten und anderes.

Mal etwas in die Geschichte der Cumhachder geblickt, wie kam es zur Gründung?

Ach, das ist schon so lange her... Zwei Mädels und ein junger Mann verliebten sich irgendwann in Wicca und begannen zu praktizieren. Drei Jahre später praktizierten sie immer noch und beschlossen sich öffentlich zu machen. Dann ging alles wahnsinnig schnell, es kamen immer mehr Leute dazu, man strukturierte sich, forschte, warf alles über den Haufen, strukturierte neu... Das ist bis

heute so geblieben, es gibt viel Bewegung bei uns, wir lernen immer wieder dazu und manchmal beginnen wir einfach von vorn.

Wenn Leser Interesse an Euch haben, wo können sie sich hin-wenden und was erwartet sie?

Am einfachsten über unsere Homepage (www.cumhachd.de). Dort gibt es ein Kontaktformular, mit dem jeder Interessierte Kontakt zu uns aufnehmen kann, egal was genau ihn an uns interes-siert. Da wir immer sehr schnell sind, hat man sicher in 1 oder 2 Tagen eine Rückantwort von uns erhalten.

Was den Interessenten bei uns erwartet kommt darauf an, was er möchte bzw. anstrebt. Strebt er eine Ausbildung in Wicca und die Einweihung in den Coven an, so erwartet ihn ein Kennenlerntreffen mit uns, wo man sich über Wünsche, Erwar-tungen und den Ablauf der Ausbildung unterhält. Und wie es dann weitergeht ist ziemlich individuell, allerdings muss klar sein, dass Regelmäßigkeit und

Kontinuität bei uns unbedingt erforderlich sind.

Gibt es bei euch so etwas wie Grade oder bestimmte Positio-nen? Wie werden diese verge-ben?

Bei uns gibt es drei Grade. Wir definieren den ersten Grad als Priester. Der zweite und dritte Grad bezeichnet den Hohe-priester/ die Hohepriesterin, allerdings haben diese Grade sehr viel mit der persönlichen Entwicklung und weniger mit Macht zu tun.

Um den ersten Grad kann der Novize/Trainee nach seiner Ausbildung bitten, um in den

engsten Kreis des Covens cumhachd aufgenommen zu werden und als Priester zu dienen, was auch die Fähigkeit zur Weitergabe des Wissens beinhaltet. Ich sage bewusst zum engsten Kreis von cumhachd, weil wir den Novizen bereits als zu uns gehörig betrachten, wenn wir ihn ausbilden. Jedoch wird er mit dem ersten Grad in die „Familie" aufgenommen. Die Initiation in die anderen Grade hängt vom Engagement des Priesters innerhalb des Covens, von seiner persönlichen Entwicklung und vom „Ruf der Götter" ab, die ja die wirklichen Initiatoren in die Mysterien sind. Um speziell das Thema Hierarchie zu berühren: Wir haben die sogenannte „Tun-Hierarchie", was heißt, dass jemand viel zu sagen hat, der viel für den Coven tut. Die Grade haben etwas mit Verantwortung zu tun, die der einzelne Priester für das Wohl des Covens und seiner Mitglieder trägt. Dazu gehört natürlich Reife, Urteilsvermögen und vor allem Hingabe an Wicca.

Wie genau würdet ihr euer Verhältnis zur Magie beschreiben? Welche Rolle spielt es für eineN Wicca. Wäre Wicca ohne Magie möglich?

Magie gehört für uns untrennbar zu Wicca dazu. Das macht Wicca als eine Mysterientradition aus und ist neben Priesterschaft und Coven eines seiner Grundpfeiler. Jeder Wicca ist eine Hexe, also eine magisch arbeitende Person. Wie intensiv jedoch mit Magie gearbeitet wird, hängt vom einzelnen ab. Jeder Priester muss bei uns magische Grundtechniken beherrschen um Zauber zu wirken, sich selbst zu verändern, mit den Göttern und seinem eigenen Selbst zu kommunizieren und divinieren zu können. Diese Dinge werden dem Novizen bereits während seiner Ausbildung beigebracht.

Allerdings möchte ich auch hier hinzufügen, dass das durchaus von anderen Coven ganz anders gesehen werden kann.

Da wir ja alle chaosmagische Autoren sind interessiert es uns sehr, was ihr so von Chaosma-

gie haltet? Gibt es auch Chaosmagier unter euch?

Wie definiert man Chaosmagie? Wenn das bedeutet, dass man hingebungsvoll und sehr ernsthaft eine Voodoosession, ein Cthulhuritual oder eine Gralsmesse vorbereitet und dann voll einsteigt und darin aufgehen kann, dann haben wir alle einen Chaosmagier in uns.

Allerdings gibt es einen Unterschied zu „Vollzeitchaosmagiern".

Unser Herz gehört Wicca und wir kehren bei allen Experimenten immer wieder dorthin zurück. Man ist nicht Priester der Götter und dann mal wieder nicht, wenn man es nicht will. Man entscheidet sich ganz bewusst dafür.

Aber ganz davon abgesehen möchte ich an dieser Stelle allen Chaosmagiern, mit denen wir zusammengearbeitet haben, danken. Es war jedes Mal sehr inspirierend und wir konnten in der Vergangenheit viel von ihnen lernen.

Wie sieht Wicca im Alltag aus?
Wie oft treffen sich

Cumhachder? Habt ihr eine Sonntagsandacht? :)

Einige von cumhachd, die nah beieinander wohnen, treffen sich jede Woche um Magie zu praktizieren, Dinge zu planen oder einfach nur, um ins Kino zu gehen. Da jedoch unsere Brüder und Schwestern mitunter über ganz Deutschland verstreut sind, haben wir als feste Treffen für alle die Jahreskreisfeste und zwischendurch noch andere Termine, für die wir uns gemeinsam entscheiden. Außerdem gibt es noch verschiedene Arbeitgruppen, die sich mit ganz unterschiedlichen Facetten von Magie beschäftigen.

Wicca im Alltag ist persönliche Spiritualität und Einstellung. Wir versuchen Wicca immer zu leben, nicht nur zu den Jahreskreisfesten. Wir sind Priester, das heißt, wir versuchen die Weisheit, Kraft und Schönheit, die die Götter uns vermitteln, unter die Menschen zu bringen. Und das geschieht sehr oft auf ganz alltägliche Weise.

Anstelle einer Sonntagsandacht haben wir ein Montagstreffen. Da begegnen wir uns auf einer nichtmateriellen Ebene und

verbinden uns dort miteinander und mit den Göttern.

Auf eurer Homepage veröffentlicht ihr erfolgreich eure eigene Zeitung Damhain Alla. Wann und wie entstand die Idee dazu? Für welche Zielgruppe ist die Zeitung gedacht?

Mit unseren Ideen ist das so eine Sache. Wir haben beschlossen eine Zeitung herauszugeben, weil wir keine vernünftige Zeitung gefunden haben. Kurze Zeit später war die erste Ausgabe da.

Die Zeitung ist für jeden gedacht, der Lust darauf hat. Aber vordergründig lernen wir selbst dabei. Hinter den meisten Artikeln steckt viel Recherche und so mancher Selbstversuch. Bei aller Öffentlichkeit kann ich doch sagen, dass die Zeitung hauptsächlich unserer eigenen Entwicklung dient.

Vertrauen, Zusammenhalt, Bruder- und Schwesternschaft. Welche drei Ideale fallen euch ein, die ihr bei euch für am zutreffendsten haltet?

Diese drei Schlagworte kann ich übernehmen, aber drei sind mir zu wenig. Liebe, Weisheit, Freude, Spiritualität, Macht... ich könnte Seiten damit füllen.

Wo seht ihr den Coven in 10 Jahren? Habt ihr bestimmte Ziele?

Am ehesten sehe ich uns lachend auf einer Couch sitzen.

Vielen Dank für das Interview! Choyofaque.

Beltane an den Externsteinen

- eine Gratwanderung zwischen den Extremen -

Jedes Jahr ziehen die Externsteine tausende von Besuchern an. Vor allem zu den Jahreskreisfesten spielt sich dort einiges ab und das schon seit vielen Jahren.

Befragt man sozusagen die „Oldies" der Externsteinbesucher, erfährt man vieles über die frühere Gesinnung der Menschen die dort feierten und die ein oder andere Predigt, dass heute zu viel getrunken und das Naturschutzgebiet in Mitleidenschaft gezogen wird.

Während in den letzten Jahren oft gedroht wurde, dass die Polizei nun härter durchgreife, wurde es dieses Jahr wirklich in die Tat umgesetzt.

Halteverbote an den Straßenrändern, verschlossene Parkplätze, Polizeistreifen die umher patrouillierten und überall herrschte eine gewisse knisternde Anspannung in der Luft.

Was einem jeden Besucher sofort auffiel: durch die gegebenen Umstände (keine Erlaubnis zu Zelten, kein Alkohol und keine Feuer) war die Anzahl der Besucher dieses Jahr gewiss um schätzungsweise die Hälfte gefallen!

Im Grunde genommen eine traurige Tatsache. Spricht man mit dortigen Anwohnern, begrüßen nicht alle diese Entwicklung. „Wenn die so viel Geld in Polizei, Straßensperren und dergleichen stecken, dann können sie auch gleich ein paar Dixi-Klos und Teams zum Reinigen des Platzes engagieren. Dass kommt für die Steuerzahler auf's gleiche hinaus und die Leute können sich trotzdem gemeinsam treffen und feiern", so ein Hausbesitzer in der Nähe der Externsteine.

Auch die AX musste relativ spontan zusehen, wo eine Übernachtung möglich war. Bei einem sehr freundlichen Anwohner wurde uns dann netterweise der sehr große Garten mit einem kleinen Wäldchen zur

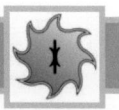

Verfügung gestellt. Alles kostenlos, denn, so der Herr, „ich habe früher auch gern an solchen Festivals teilgenommen. Schade das man es hier vor Ort nicht so geregelt bekommt."

Traurig war vor allem die Tatsache, dass der Abend des 30. Aprils für viele in reiner Provokation endete. Es waren Feuer verboten und so entstand ein Marathon zwischen Polizei und Feuerbegeisterten. Es wurden viele Feuer entzündet, Menschenmassen umkreisten sie, um diese abzuschirmen, was die Polizei dazu trieb, die Feuerlöscher auf die Menschen zu halten. Die Leidtragenden unter den Stickstofffeuerlöschern waren vor allem Kinder, die sich unter den Anwesenden und oft in der Nähe des Feuers befanden. Das ist keine Lösung, aber leider pure Realität an diesem Abend gewesen!

Umso erschreckender die Tatsache: am folgenden Abend waren Polizei, DRK, THW, Sicherheitsdienst usw. abgezogen und die hartgesottenen Besucher, die noch für eine Nacht blieben, machten Feuer, tanzten, sangen und erlebten einen friedlichen Abend, wie es den Tag zuvor nicht denkbar war.

Vielleicht sollte das diesjährige Beltane an den Externsteinen ein Meilenstein für die folgenden Jahre sein. Wieso lassen sich so viele Menschen von der Anwesenheit der Polizei provozieren? Warum wird von Ordnungshütern zu Mitteln gegriffen, die der Gesundheit der Anwesenden schadet? Und warum kann nicht alles so friedlich und festlich verlaufen, wie es am Tag danach der Fall war?

Wir hoffen, dass nächstes Jahr ein anderer Weg eingeschlagen wird, mit mehr Verständnis für die Freunde dieses Festes, mehr Vernunft der Anreisenden und einem entgegenkommen beider Parteien.

In diesem Sinne,
allen einen magischen Sommer,
Soror Gauri

Eine zauberhafte Reise

Magie und Kunst liegen so nahe beieinander. Doch liegt demjenigen der mächtig ist, seine innere Welt in der Kunst auszudrücken, nicht auch gleich von selbst Tor und Tür in der magischen Welt offen. Vielmehr stehen Magie, magische Praxis und die Kunst in einem regen Austausch gegenseitiger Inspiration zu einander. Gesegnet ist somit der, der beider Künste mächtig ist. Links ist ein Bild zu sehen, dass im Anschluss an eine schamanische Reise entstanden ist.

Dieses Bild beruht auf einer „Reise" in die feinstoffliche Welt zu den Guédé (Wesenheiten aus dem Voodoo). In dieser Reise zu den vielen Guédé hat sich mir Baron Samedi gezeigt.

Ich habe versucht ihn zu zeichnen und dabei genauso zu zeigen, wie er mir erschienen ist.

Zu sehen ist die Wegkreuzung, welche die verschiedenen Welten miteinander verbindet (Ober-, Mittel- und Unterwelt); Baron Samedi (Totengott) steht in der Mitte und dient sozusagen als „Wegweiser". Allerdings kommt keiner an ihm unbemerkt vorbei. Er entscheidet über (konventionell ausgedrückt): „Himmel oder Hölle"

Er entscheidet darüber, ob die Seelen, welche ihren sterblichen Körper verlassen haben und von der grobstofflichen in die feinstoffliche Welt übergegangen sind, weiter zu den Guédé der Oberwelt oder zu den Guédé der Unterwelt ziehen müssen.

Mein persönlicher Eindruck dessen, was er ausgestrahlt hat:

Stolz, Macht, Charme, männliche Anmut, aber er trat mir auch mit Großmut (was sehr untypisch ist) gegenüber.

- Soror Gavadi -

Memento Mori

Charles streifte die widerspenstigen Büsche zur Seite. Irgendwo hier war das Haus seines älteren Bruders. Er wusste es genau, denn er besuchte ihn nicht das erste mal. >Dieser Verrückte...< dachte er. Er konnte sich immer noch nicht vorstellen, was einen Mann aus gutem Hause, Sohn eines reichen Kaufmanns, dazu veranlassen konnte, alles aufzugeben und ein Leben als armer Einsiedler im Wald zu führen. Albert war alles andere als schlecht dran. Er war ein schöner hoch gewachsener Mann mit markanten Gesichtszügen und schulterlangem Haar von dunkelbrauner Farbe. Er hatte alles was sich ein junger Mann in diesen Tagen zu besitzen erhoffen konnte: ein großes Haus, jede Menge Frauen, stets gutes Fleisch auf dem Teller und im Glase den besten Wein der im Land für Geld zu bekommen war. Stattdessen sitzt er nun Tag und Nacht in dieser klapprigen Holzhütte und studiert seltsame Bücher, selbst des Nachts beim flackernden Schein abgebrannter Kerzen - als würde er niemals

schlafen. Charles wohnte mal ein paar Tage bei ihm. Er wollte herausfinden, was seinen Bruder dazu veranlasste, seinen gesegneten, wie lustvollen Lebensstil für dieses asketische Eremitentum zu opfern - vergebens. Stattdessen hörte er ihn, sofern er denn überhaupt sprach, von irgendwelchen alten Riten, Kulten und Formeln sprechen. Natürlich war Charles die merkwürdige Thematik, mit der sich sein Bruder zu beschäftigen schien, suspekt, jedoch war er selbst kein besonders frommer Mensch, weshalb es ihn nicht kümmerte wofür Albert sein schönes Leben von der Hand wies. Nur das er es tat würde er nie verstehen.

Charles strich sich durch die Haare und verschnaufte... Er stand nun auf einer Lichtung. Kalter Schweiß rann ihm die Stirn hinab, er fühlt sich kraftlos. Was war los? Er fragte sich, ob das die ersten Anzeichen einer bevorstehenden Krankheit waren. Es war mitten in der Nacht. Seit einer Stunde irrte er durch den Wald. Beim Aufbruch war er sich sicher den Weg zu der Hütte seines Bruders zu kennen. Aber es

schien, als würde dieser verfluchte Wald ihm einen Streich spielen wollen. Alles wirkte irgendwie falsch. Als wäre diese Welt nur ein lebloses Abbild der fruchtbaren und belebten Welt die er kannte. Alles war still, es war kein Tier zu entdecken, kein Geräusch zu vernehmen. Charles konnte kein Anzeichen von Leben entdecken - bis auf den Rhythmus seines schlagenden Herzens, welcher seinen kalten Leib vor Stagnation bewahrte und ihn an das monotone und dumpfe schlagen einer Trommel erinnerte... Charles sah den Vollmond durch das Geäst knorriger Bäume. Das Licht des Mondes tauchte die ganze Szenerie in ein fahles Licht. Alles schien so unwirklich...

Dann sah er sie.. so kalt... so schön... sie *floss* durch den Wald, ungefähr 10 Fuß vor seinen Augen.. still.

Sie war weiß und irgendwie transparent, ihre Form schien verschwommen, verzogen, wechselartig und nicht gebunden an die Gesetze, welche die Materie Charles' Körpers bestimmten. Charles erstarrte als sie... "es"... innehielt und ihn anstarrte. Er sah in die Augen

des Wesens und es war als würde er in die Unendlichkeit selbst schauen... Er wollte schreien aber er war nicht länger Herr über seinen Leib und so stand er nur da und starrte... Der Moment schien ewig. Charles wusste nicht mehr wo er sich befand. War es ein Traum, war es Realität, oder war er... tot? Das Wesen waberte sanft im Einklang mit dem Wind... Langsam öffnete sich so etwas wie ein Mund. Er öffnete sich wenigstens eine Elle weit, bevor es losging. Charles sank scheinbar in Zeitlupe auf die Knie. Blut lief ihm aus dem linken Nasenloch und seine Augen tränten. Der Schrei betäubte seinen Leib nun vollkommen. Er schien von überall gleichzeitig zu kommen und sich im hinteren Teil seines Kopfes einzunisten. Noch nie zuvor in seinem Leben hatte er etwas derartiges wahrgenommen. Tausend Gedanken schossen ihm gleichzeitig durch den Kopf, - Erinnerungen, so lebendig - wie er als Kind im Wald spielte, wie sein Vater und seine Mutter sich um seinen Bruder stritten, sein erster Kuss in dieser kühlen Winternacht... Aber sie überlagerten sich, legten sein Denken lahm... Er lag nun im feuchten Gras... Verschwommen sah er mit weit aufgerissenen Augen und unfähig sich selbst wahrzunehmen, wie der weiße Nebel, dieses Wesen, weiter zog, um sich scheinbar zeitlos in der Dunkelheit des tiefen Waldes zu verlieren. Charles spürte ein Gefühl grässlicher Angst in sich aufsteigen... Ein archaisches Gefühl des Todes. Er hörte Stimmen in seinem Kopf. Sie jammerten wirr durcheinander in einer ihm unbekannten Sprache. Er wollte nicht mehr. Alles schien fad und grau und jegliches Leben war aus seinem Leib gerissen worden. Charles lies sich fallen... Er wollte noch etwas sagen, jedoch brachten seine trockenen Lippen nicht mehr als ein leises Keuchen hervor. Dann, letztendlich, hüllte Schwärze sein Bewusstsein ein.

Charles öffnete die Augen. Er sah sich um. Es brauchte einen Moment bis er begriff wo er sich befand.
>Na..? Ausgeschlafen?< Alberts Stimme klang ernst und gefühllos.
>Was...<
>...ist passiert?< beendete Albert den Satz seines Bruders.

>Ja.< Charles sank zurück in das Kissen, während er sich mit der Hand über die Stirn fuhr. Er erinnerte sich nur allzu genau an das Geschehene und er *wusste,* dass es kein Traum war. Die Erinnerung nagte an seinem Verstand und ließ ihm einen kalten Schauer über den Rücken fahren.

>Nun, ich ging hinaus um ein paar Pflanzen zu besorgen und fand dich zufällig mit weit aufgerissenen Augen und unverständliches Zeug vor dich herstammelnd im Wald. Ich versuchte dich aufzuwecken, allerdings ohne Erfolg. Ich trug dich hierher, legte dich ins Bett und gab dir etwas Medizin. Du warst umgehend still. Dann wartete ich ab. Das ist alles.<

Albert hielt sich die Hand vor den Mund und hustete kurz. Inzwischen war ihm ein regelrechter Vollbart gewachsen. Der Anblick war ungewohnt für Charles. Die Erinnerung an das Bild seines stets ordentlich rasierten und gepflegten Bruders war noch zu fest.

Er richtete sich auf und setzte sich auf die Bettkante. Charles sah nachdenklich auf den Boden des Holzhauses.

>Es war ein Geist, nicht wahr?< brachte er zögernd hervor.

>Ja.< sagte Albert trocken. Er nahm sich einen Stuhl und setzte sich seinem Bruder gegenüber, welcher wieder einen recht aufgewühlten Eindruck machte, wie er fand.

>Wieder ein missglücktes Experiment?< murmelte Charles, wobei er schnippisch seinen linken Mundwinkel anzog und seinen Bruder fragend ansah. Alberts Miene verfinsterte sich.

>Wie kommst du auf die Idee es wäre missglückt?<

Charles traute seinen Ohren nicht. Was fiel ihm ein? Er wäre da draußen womöglich fast umgekommen, oder schlimmeres. Noch immer hatte er grausige Kopfschmerzen. Es schien ihm, als wäre er selbst nur ein Studienobjekt für seinen Bruder. Was war los mit ihm? Er war nicht mehr der selbe, seit er anfing diese Bücher zu lesen. Alberts Stimme riss ihn aus den Gedanken.

>Also hast du sie gesehen, nehme ich an.<

>In der Tat. Das habe ich.< Charles bemühte sich um Fassung. Er wollte sich keine Blöße geben, erst recht nicht vor seinem Bruder.

>Und..? Hat sie mit dir gesprochen? Wie stand es mit der Konsistenz?<

Charles bemerkte wie Alberts Augen anfingen zu glitzern. Es erinnerte ihn an den erwartungsvollen Ausdruck eines Kindes, dem man kurz zuvor ein Geschenk versprochen hat. Charles kniff die Augen zusammen und rief sich das Bild der Gestalt zurück in seinen Kopf. Es schauderte ihn. Zögernd spielte er das gesamte Erlebnis noch einmal vor seinem geistigen Auge ab. Plötzlich kam dieses Gefühl zurück, das Gefühl des Todes, kalt und trostlos. Seine Augen wurden feucht... Er schüttelte den Kopf und vertrieb die Gedanken aus seinem Kopf. Sein Bruder schaute ihn immer noch erwartungsvoll an und hob ungeduldig die Augenbrauen.

>Sie war wunderschön, aber nicht auf eine irdische Art und Weise. Sie strahlte eine Aura der Unendlichkeit und der Ewigkeit aus. Zügellos... unbegrenzt...< Charles suchte gestikulierend nach den richtigen Worten, um das irrationale Erlebnis in die menschliche Sprache zu übertragen.

>Hat sie mit dir gesprochen?< wiederholte Albert etwas langsamer.

>Wenn du es so auszudrücken gedenkst... Es klang allerdings mehr wie ein Schrei, es hallte in meinem Kopf wieder und raubte mir den Sinn. Es.. es war...< Charles brach ab, er stöhnte, fasste sich wieder an die Stirn und ließ sich langsam nach hinten gegen die Wand sinken. Sein Kopf schmerzte nun unerträglich... Charles schloss die Augen. Er war so unglaublich müde, er wollte nur noch eines... dass der Schlaf kommt und ihn von den Schmerzen erlöst. Sein Bruder würde es schon verstehen wenn er erstmal Ruhe braucht um sich

von dem Schrecken zu erholen, der ihm draußen im Wald widerfuhr. Seine Gedanken schweiften ab. Sein Bruder... Er

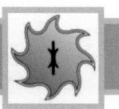

dachte noch an früher, dann fing ihn der Schlaf ein...
Albert blickte auf seinen jüngeren Bruder. Da lag er nun, selig schlafend, wie ein kleines Kind... So friedlich, so... *hilflos.* Der einzige Mensch der seinen Aufenthalt kannte. Albert dachte nach.

Er wusste, dass er ihn diese Nacht wieder besuchen würde. Seit geraumer Zeit kam er zu jedem Vollmond. Er schlich dann heimlich aus dem Haus und schlug sich des Nachts durch den Wald.

Er besuchte ihn nur Nachts, aus Angst, tagsüber könne man ihm folgen. Natürlich war Albert es, der den Geist beauftragt hatte Charles anzugreifen. Er hatte nicht damit gerechnet, dass dieser den Angriff überleben würde.

Er war wie eine Geschwür, welches nach erfolgreicher Entfernung immer wieder auftauchte.

Nun, nur einmal würde er es seinem Bruder noch gestatten wieder aufzutauchen, allerdings dieses Mal auf eine ganz andere Weise.

Albert schmunzelte. Das Gift, was er ihm gegeben hatte, schien zu wirken. Sein schmunzeln wandelte sich zu einem Grinsen. Indem er sei-

nen Bruder auf diese Art tötete, hatte er gleich die passende Zutat für sein Ritual. Er wunderte sich, dass er nicht schon zuvor auf diese glorreiche Idee gekommen war. Gleich würde er ihm das Herz entfernen, um es als Zutat für eine ganz spezielle Mixtur zu verwenden. Jedoch musste er sich beeilen. Dem Buch nach sollte sein Messer während des Todes in das Opfer eindringen, nicht *danach.*

Albert stand auf und ging zum Regal. Dort lag sein schwarzer Ritualdolch. Die Klinge war gut einen Fuß lang und das ganze Stück war schwarz eingefärbt.

Ohne zu zögern griff er den Dolch und ging zu dem Bett, in dem sein Bruder eingeschlafen war, welcher inzwischen schwitzte und zitterte.

>Bist du doch noch zu etwas zu gebrauchen... Bruderherz.<

Mit diesen Worten und einem fanatischen Grinsen im Gesicht, stieß er Charles das Messer durch die Bauchdecke. Ordentlich schnitt Albert den Oberkörper seines Opfers auf, er hatte es schon des öfteren zuvor in seinen Gedanken durchgespielt. Alles musste akribisch nach Plan laufen, damit das Ritual funktioniert. Er

schnitt das Herz heraus und legte es zu den anderen Zutaten auf den Tisch. Dann nahm er alles und zerkleinerte es zu einem braunfarbigen Brei, welchen er in eine Schale füllte. Albert schaute noch einmal hinter sich... Da lag er nun, sein Bruder, tot und ausgeweidet.
>Tja Charles... Wie du siehst kann es jeden treffen...<
Mit einem Schmunzeln auf den Lippen holte er sich seinen Mantel, nahm die Schale und machte sich auf den Weg zur Tür. Wenn das Ritual funktioniert würde er über eine Armee aus Geistern verfügen. Albert erfreute sich an den Gedanken, was er mit solch einem Heer alles anstellen könnte.
Dann schüttelte er den Kopf. Jetzt musste er sich erst noch konzentrieren, freuen könne er sich noch später.
Er öffnete die Tür und trat nach draußen. Der Mond schien noch immer sehr intensiv. In seinem Licht sahen die knorrigen Bäume wie Dämonen aus, die nach ihm zu greifen schienen. Er vertrieb diese Gedanken.
Albert ging den Weg durch das Gestrüpp zur Lichtung wo er plante das Ritual durchzuführen.

Als er auf der Lichtung ankam schaute er nach dem flachen horizontalen Stein, der sich irgendwo in der Mitte der Lichtung befinden musste. Er hatte ihn schon des Öfteren als Altar verwendet und vermutete, dass er es damit den Zauberern vergangener Tage, welche der Legende nach in diesem Wald lebten, gleich tat.
Als er die Steinplatte fand kniete er sich davor und begann damit den Brei in einem komplexen Muster auf den Stein aufzutragen. Albert hatte sich dieses Muster am Abend zuvor aus einem seiner Grimoires sorgfältig eingeprägt.
Als er fertig war erhob er sich, breitete seine Arme aus, starrte in den Vollmond und rief mit tönender Stimme:
>Ihr Geister der Totenwelt, kommt hervor!
Ich Albert Batholomew Sorland bin euer Meister!
Ich rufe euch ihr Toten, in dieser Vollmondnacht!
Auf das ihr meine Soldaten seid und meinen Willen erfüllt!
So höret, ihr Verblichenen, die vergessenen Worte der Macht!
Korlay batu Keraph dal!
Se curorpo dalef si'gai!
Fanitas pan'larko Sage!
Es tiu pharl Korr!

Pha-Pa 'elis A...*aahhh*....<
Albert fiel zur Erde. Er schrie.
>Was soll das?< Dieser
Schmerz in seinem Kopf war
kein Teil seiner Ritualplanung.
>Ohh... Gott..< Er sah wie das
Symbol auf dem Fels anfing in
einem tiefroten Glühen im Takt
seines Herzens zu pulsieren.
>Es.. funktioniert!< stammelte
er auf allen Vieren kauernd. Er
hatte Mühe seinen Kopf zu he-
ben, der Schmerz war unglaub-
lich... Aber das Einzige woran
er im Moment denken konnte
war, dass es *funktionierte*...
Nun heulte plötzlich der Wind
auf. Wie eine erweckte Bestie
zerriss er die Stille des nächtli-
chen Waldes und entwickelte
sich langsam aber sicher zu
einem ausgewachsenen Sturm,
welcher die Bäume bedrohlich
schwanken ließ und den einen
oder anderen kleinen sogar
grob entwurzelte.
Albert jedoch lag nun alle
Gliedmaßen von sich gestreckt
im Gras. Er fühlte sich wie fest-
genagelt und seine Kopf-
schmerzen stiegen ins Unermessliche. Dennoch wich das
Lächeln nicht von seinen Lippen.
Bis zu dem Moment als er *sie*
erblickte...

Sie war wunderschön. Albert
wusste sofort, dass dieses die
Erscheinung sein musste, welche er auf seinen Bruder an-
setzte. Er hatte bisher nur
telepatisch mit Geistern kommuniziert. Es war seine erste
Begegnung auf diese Art. Wie
lange hatte er darauf gewartet.
Tag für Tag, Woche für Woche,
Monat für Monat, seine magischen Fähigkeiten ausgebaut.
>Albert...< Er *fühlte* die Stimme
in seinem Hinterkopf... Es war
ein aggressives, stechendes
Gefühl.
>Du Narr... du dachtest du
könntest so leicht über mich
bestimmen?< Alberts Lächeln
verschwand.
>Du dachtest tatsächlich ein
paar Jahre fleißiges studieren
deiner Bücher würde dich in
eine derartige Position verset-
zen? Dir eine solche Kraft ge-
währen? Du warst nicht fähig
dem wahren Weg zu folgen...
Aber gräme dich nicht. Wenigstens bist du nicht der erste
dumme Mensch, der sich un-
freiwillig meinem Heer an-
schließt.<
Albert war nun kreidebleich. Er
verstand die Welt nicht mehr.
So war das nicht geplant.
>Biiiittee!< Er schrie mit zu-
sammengekniffenen Augen,

der Schmerz stieg ins Unermessliche.

In seinem Hinterkopf hörte er ein Lachen. Es war wie aus hundert Stimmen zusammengesetzt.

Blut quoll ihm aus Nase und Ohren.

>Tja, Albert... Wie du siehst, kann es jeden treffen...<

Albert nahm nur noch das Gelächter wahr. Dann löschte die Schwärze auch den letzten Funken seines Bewusstseins aus...

XAX
Fra. Somhal.312

VERZEICHNISSE

Abbildungsverzeichnis

www.flickr.com

Sämtliche nicht aufgeführten Abbildungen sind, wenn nicht anders erwähnt, Eigentum der jeweiligen Artikel Autoren oder der Herausgeber des Magazins oder sind frei von Urheberrechten.

KAOPOLITAN

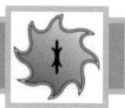

Interessentenverzeichnis

Edition Roter Drache   www.roterdrache.org

Cumhachd   www.cumhachd.de

Autonomatrix   www.autonomatrix.de

bei Fragen bezüglich der Autonomatrix-D wenden Sie sich auch gerne an den derzeitigen Kurator (fra.varg432@autonomatrix.de)

bei Fragen zum KaoZine Projekt kontaktieren Sie bitte (fra.benu108@autonomatrix.de) (frater.bartock_ii@autonomatrix.de) (sororgauri333@autonomatrix.de)

Die nächste KaoZine erscheint.

www.myspace.com/kaozine

ANGBIX
POHUTH
WOKAC

AEPALIZAGE